Variété

Passages from modern French literature

Variété

Passages from modern French literature

Edited by R. M. Rylance

Queen Elizabeth Grammar School,
Wakefield

Edward Arnold

© R.M. Rylance 1983
First published in 1983 by
Edward Arnold (Publishers) Ltd
41 Bedford Square, London WC1B 3DQ

British Library Cataloguing in Publication Data

Variété: Passages from Modern French
   literature.
   1. French literature—20th century
   I. Rylance, R.M.
   840'.800912   PQ1100

   ISBN 0-7131-0656-5

Printed in Great Britain at
The Camelot Press Ltd, Southampton

Contents

Abbreviations

coll.:	colloquial	Prov.:	Provençal
fig.:	figuratively	sl.:	slang
lit.:	literally	vulg.:	vulgar

Acknowledgements

The Publisher wishes to thank the following for permission to reproduce copyright material:

Editions Albin Michel for an extract from Vercors: *Le Silence de la Mer*; Editions Bernard Grasset for extracts from Blaise Cendrars: *Moravagine* and Jean Giono: *Jean le Bleu*; Editions Domat for an extract from Rene Fallet: *Banlieue Sud-Est*; Librairie Ernest Flammarion for an extract from Jules Romains: *Les Hommes de Bonne Volonté*; Editions Gallimard for extracts from Albert Camus: *L'Été*, José Cabanis: *La Bataille de Toulouse*, Valery Larbaud: *Le Cœur de l'Angleterre*, Albert Cohen: *Les Valeureux*, Jean Dutourd: *Au Bon Beurre* and Robert Merle: *Week-end à Zuydcoote*; René Julliard Editeur for an extract from Georges Perec: *Les Choses*; Les Editions de Minuit for extracts from Marguerite Duras: *Moderato Cantabile* and Michel Butor: *L'Emploi du Temps*; Librairie Plon for an extract from Henri Troyat: *Faux-Jour*; Les Editions de la Table Ronde for an extract from Antoine Blondin: *L'Humeur Vagabonde* and Editions du Seuil for an extract from Julien Green: *Chaque Homme dans sa Nuit*.

We have been unable to trace Editions Pastorelly, publishers of Marcel Pagnol: *La Gloire de Mon Père*.

Introduction

The study of literary texts in French can often prove intimidating to those who begin this kind of exercise for the first time. The problem – quite familiar to most teachers at this level – is that students who have studied the French language to first examination standard will so far have encountered a kind of French specifically suited to their abilities and requirements and which is of a mainly factual nature. It is hardly surprising, therefore, that they should feel apprehensive when suddenly – usually on entering the sixth form or a College of Further Education – they are required to deal with a 'set text' of much greater length than they are accustomed to and which makes no concessions towards their linguistic ability or towards their ability to appreciate its often quite complex ideas and subtle expression. Furthermore, it cannot always be assumed that students will have read, discussed and written about books of literary merit, even in English.

This book is therefore intended to provide a gradual introduction to the study of French literature by presenting students with a variety of texts of literary merit which are restricted in length and whose linguistic standard is suited to students at an early stage of an advanced level course. Rather than forming an anthology of the best of twentieth-century French literature – though inevitably a number of the major modern writers are represented – the texts which have been selected are those which, in classroom use, have been found individually interesting and relevant and collectively varied in terms of subject, style and approach.

The majority of the twenty-four passages presented here are taken from novels, as being probably the most accessible of literary forms. The passages are grouped according to theme, which allows comparisons to be made between writers dealing with a similar subject and also allows the material to be linked to other areas of linguistic study. The passages under each theme-heading appear in order of difficulty. It is intended that each text should be sufficiently long to stand as an entity separate from the book from which it was taken, but not so long that it becomes unwieldy in class discussion. However, in order to relate the passage to the context in which it originally appeared, brief introductory notes, as well as biographical details of its author, are provided. A select vocabulary and footnote explanations where necessary are also given after each passage.

The exercises based on each text are provided as a means of guiding the students' response to the passage they will have just read. It is not intended, however, that all the exercises should be regarded as obligatory: the teacher may well decide to adapt or abbreviate them or even omit them in favour of his or her own method of working from the text. Clearly, if the exercises are to be used, it would be preferable to allow the students some time for preparation in order to gain the greatest advantage from the ensuing class discussion. There are two basic types of exercise. The first, in French, is intended to prove comprehension and allow simple interpretation of the passage. The questions are set in French in the hope that linguistic and literary study may be profitably combined and need not, as is often the practice, be almost entirely divorced from each other. The second type of exercise, in English, is intended to allow analysis in greater depth and to allow the students to respond more freely to the text than if they were required to answer in French. The questions in this exercise include those which require a more thorough or subtle interpretation of subject-matter than in the first type of exercise, as well as fairly elementary questions on style. There are also questions of a broader nature, which invite consideration of the passage as a whole, sometimes by comparison with a text by another author. Certain questions may, if it is considered desirable, be answered in written form, though it is suggested that writing should be preceded by discussion.

Whatever the method of use, it is hoped that the material presented will help to broaden the students' field of study and, perhaps more important, encourage them to read more widely in French on their own initiative.

R.M.R.

I L'Enfance

1

Les Cigales et les fourmis°

Marcel Pagnol: Born 1895 at Aubagne, near Marseilles. After taking a degree in English, Pagnol followed his father into the teaching profession and taught first in Marseilles and then in Paris, where he began to write plays. His satirical comedy *Topaze* (1928) was an immense popular success and was later made into a film. After *Topaze*, Pagnol gave up teaching in order to concentrate on writing and completed a trilogy of plays, *Marius* (1929), *Fanny* (1931) and *César* (1936), which were very successful and also adapted for the cinema. He then wrote several film scripts, which were followed by further works for the theatre. In 1946 he was elected a member of the French Academy. In 1957, with the publication of *La Gloire de mon père*, the first of four volumes of his *Souvenirs d'enfance*, Pagnol also showed himself to be a fine writer of prose. The book was a great critical and commercial success, its readers charmed by Pagnol's vivid, direct and often humorous depiction of episodes from his childhood in Provence. Marcel Pagnol died in 1974.

The passage below is taken from *La Gloire de mon père*. Here Pagnol tells how he and his young brother became interested in the insect life of the area in which they lived.

Nos jeux furent d'abord la chasse aux cigales,° qui suçaient en chantant la sève° des amandiers.° Les premières nous échappèrent, mais nous fûmes bientôt d'une adresse si efficace que nous revenions à la maison entourés d'un halo de musique, car nous en rapportions des douzaines qui continuaient à grésiller° dans nos poches tressautantes.° Il y eut la capture des papillons, des sphinx° à deux queues et aux grandes ailes blanches bordées de bleu, qui laissaient sur mes doigts une poudre d'argent.

Pendant plusieurs jours, nous jetâmes des chrétiens aux lions: c'est-à-dire que nous lancions des poignées de petites sauterelles° dans la toile° endiamantée des grandes araignées de velours noir, striées° de raies jaunes: elles les habillaient de soie en quelques secondes, perçaient délicatement un trou dans la tête de la victime, et

1

la suçaient longuement, avec un plaisir de gourmet. Ces jeux enfantins étaient entrecoupés par des orgies de gomme° d'amandier, une gomme rousse comme du miel: friandise° sucrée, et merveilleusement gluante, mais fortement déconseillée par l'oncle Jules, qui prétendait que cette gomme «finirait par nous coller les boyaux°».

Mon père, soucieux de l'avancement de nos études, nous conseilla de renoncer aux jeux inutiles: il nous recommanda l'observation minutieuse des mœurs° des insectes, et de commencer par celles des fourmis car il voyait en elles le modèle du bon citoyen.

C'est pourquoi le lendemain matin, nous arrachâmes longuement les herbes et la baouco° autour de l'entrée principale d'une belle fourmilière.° Quand la place fut bien nette, dans un rayon° d'au moins deux mètres, je réussis à me glisser dans la cuisine, pendant que ma mère et ma tante cueillaient des amandes derrière la maison; là, je volai un grand verre de pétrole, et quelques allumettes.

Les fourmis, qui ne se doutaient de rien, allaient et venaient en double colonne, comme les dockers sur la passerelle° d'un navire.

Je m'assurai d'abord que personne ne pouvait nous voir, puis je versai longuement le pétrole dans l'orifice principal. Un grand désordre agita la tête de la colonne, et des dizaines de fourmis remontèrent du fond: elles couraient çà et là, éperdues,° et celles qui avaient une grosse tête ouvraient et refermaient leurs fortes mandibules, en cherchant l'invisible ennemi. J'enfonçai alors dans le trou une mèche° de papier: Paul réclama la gloire d'y mettre le feu, ce qu'il fit très correctement. Une flamme rouge et fumeuse s'éleva, et nos études commencèrent.

Par malheur, les fourmis se révélèrent trop aisément combustibles. Instantanément foudroyées° par la chaleur, elles disparaissaient dans une étincelle.° Ce petit feu d'artifice fut assez plaisant, mais bien court. De plus, après la sublimation des externes, nous attendîmes en vain la sortie des puissantes légions souterraines, et l'explosion bruyante de la reine, sur laquelle j'avais compté: mais rien ne parut, et il ne resta sous nos yeux qu'un petit entonnoir° noirci par le feu, triste et solitaire comme le cratère d'un volcan éteint.

Vocabulaire

la fourmi: ant	**la sauterelle:** grasshopper
la cigale: cicada	**la toile:** web
la sève: sap	**strié:** streaked, striped
un amandier: almond-tree	**la gomme:** gum
grésiller: to chirp	**la friandise:** delicacy
tressautant: (here) twitching	**les boyaux:** guts
le sphinx: hawk-moth	**les mœurs:** habits

la baouco (Prov.): moss
la fourmilière: ant-hill
le rayon: radius
la passerelle: gangway
éperdu: bewildered

la mèche: wick
foudroyé: (here) overcome
une étincelle: spark, flash
un entonnoir: crater, shell-hole

Activités

I

a) Est-ce qu'on a réussi à attraper des cigales?
b) Expliquez ce que veut dire l'expression *entourés d'un halo de musique*.
c) L'auteur nous dit qu'ils ont lancé des sauterelles dans la toile des araignées. Pourquoi fait-il allusion aux chrétiens jetés aux lions?
d) Pourquoi le père a-t-il recommandé l'observation des mœurs des insectes? Est-ce que les garçons ont suivi ses conseils?
e) Pourquoi l'auteur a-t-il dû se glisser dans la cuisine pendant que sa mère et sa tante n'y étaient pas? Quelle aurait été la réaction de celles-ci?
f) Est-ce que les fourmis avaient peur des garçons?
g) En utilisant vos propres mots, expliquez pourquoi certaines fourmis *ouvraient et refermaient leurs fortes mandibules*.
h) Comment les garçons ont-ils réussi à mettre le feu à la fourmilière?
i) Pourquoi les garçons étaient-ils déçus à la fin?

II

a) In the phrase *la toile endiamantée des grandes araignées*, the adjective *endiamantée* is used metaphorically. (i) Say what the author is referring to by using this adjective; and (ii) give an example in French of how the adjective might be used literally.
b) Study closely the description of how the spiders killed and consumed the grasshoppers. Note particularly the adverbs and adverbial phrases used and try to say what effect they produce.
c) Quote two phrases from the second half of the text which show that the boys knew that what they were doing would be disapproved of by their elders.
d) Say whether you find the comparison of the ants to *les dockers sur la passerelle d'un navire* appropriate, and why.
e) In describing how the boys watched their experiment with the ant-hill, the author uses the expression *nos études commencèrent*. Do you find the word *études* appropriate or inappropriate to the boys' activities? Why does the author use this word?
f) In the same passage as is mentioned in **e**), a number of 'scientific' words are used. Note them down and try to give a reason for their collective use.

3

g) By selecting specific phrases from the text, show how the boys felt just before and after the experiment with the ant-hill.

h) Do you think that the author causes us to feel (i) approval; (ii) disapproval; or (iii) neither at the boys' actions? Try to say why.

2
La Leçon de piano

Marguerite Duras: Born 1914 in what is now Vietnam, where her schoolteacher parents had settled, and where she spent most of her early years. At the age of eighteen, she came to France for only the second time and began studies at the Sorbonne, where she read mathematics, law and politics. Her first novel was published in 1943. In 1950 she wrote *Un Barrage contre le Pacifique*, which drew on her French colonial childhood. Other novels followed, as well as the script of the film *Hiroshima mon amour* (1959), directed by Alain Resnais. She maintained a professional interest in the cinema and her novel *Moderato cantabile* (1959) – from which the following passage is taken – was also filmed. Her style of writing is both economical and highly individual; dialogue is an important feature in her novels, as the principal means of giving insight into the motivations and feelings of her characters.

Moderato cantabile examines the situation of Anne Desbaresdes (the wife of a provincial industrialist and mother of a young child) who, bored by the dull routine of her life, suddenly finds an emotional release in a brief series of meetings with another man. In the passage below, taken from the beginning of the novel, Anne Desbaresdes is present at the piano lesson to which she takes her child, not only for the sake of his education but also as a means for herself to escape the monotony of her daily routine.

— Veux-tu lire ce qu'il y a d'écrit au-dessus de ta partition°? demanda la dame.

— Moderato cantabile,⁺ dit l'enfant.

La dame ponctua° cette réponse d'un coup de crayon sur le clavier.° L'enfant resta immobile, la tête tournée vers sa partition.

— Et qu'est-ce que ça veut dire, moderato cantabile?

— Je sais pas.

Une femme, assise à trois mètres de là, soupira.°

— Tu es sûr de ne pas savoir ce que ça veut dire, moderato cantabile? reprit la dame.

L'enfant ne répondit pas. La dame poussa un cri d'impuissance étouffé,° tout en frappant de nouveau le clavier de son crayon. Pas un cil° de l'enfant ne bougea. La dame se retourna.

— Madame Desbaresdes, quelle tête vous avez là,⁺ dit-elle.

Anne Desbaresdes soupira une nouvelle fois.

— A qui le dites-vous,⁺ dit-elle.

L'enfant, immobile, les yeux baissés, fut seul à se souvenir que le soir venait d'éclater.° Il en frémit.°

— Je te l'ai dit la dernière fois, je te l'ai dit l'avant-dernière fois, je te l'ai dit cent fois, tu es sûr de ne pas le savoir?

L'enfant ne jugea pas bon° de répondre. La dame reconsidéra une nouvelle fois l'objet qui était devant elle. Sa fureur augmenta.

— Ça recommence, dit tout bas Anne Desbaresdes.

— Ce qu'il y a, continua la dame, ce qu'il y a, c'est que tu ne veux pas le dire.

Anne Desbaresdes aussi reconsidéra cet enfant de ses pieds jusqu'à sa tête mais d'une autre façon que la dame.

— Tu vas le dire tout de suite, hurla la dame.

L'enfant ne témoigna° aucune surprise. Il ne répondit toujours pas. Alors la dame frappa une troisième fois sur le clavier, mais si fort que le crayon se cassa. Tout à côté des mains de l'enfant. Celles-ci étaient à peine écloses,° rondes, laiteuses° encore. Fermées sur elles-mêmes, elles ne bougèrent pas.

— C'est un enfant difficile, osa dire Anne Desbaresdes, non sans une certaine timidité.

L'enfant tourna la tête vers cette voix, vers elle, vite, le temps de s'assurer de son existence, puis il reprit sa pose d'objet, face à la partition. Ses mains restèrent fermées.

— Je ne veux pas savoir s'il est difficile ou non, Madame Desbaresdes, dit la dame. Difficile ou pas, il faut qu'il obéisse, ou bien.

Dans le temps qui suivit ce propos,° le bruit de la mer entra par la fenêtre ouverte. Et avec lui, celui, atténué,° de la ville au cœur de l'après-midi de ce printemps.

— Une dernière fois. Tu es sûr de ne pas le savoir?

Une vedette° passa dans le cadre° de la fenêtre ouverte. L'enfant, tourné vers sa partition, remua° à peine – seule sa mère le sut – alors que la vedette lui passait dans le sang.⁺ Le ronronnement° feutré° du moteur s'entendit dans toute la ville. Rares étaient les bateaux de plaisance.° Le rose de la journée finissante colora le ciel tout entier. D'autres enfants, ailleurs,° sur les quais, arrêtés, regardaient.

Vocabulaire

la partition: sheet-music, musical score
ponctuer: to punctuate
le clavier: keyboard
soupirer: to sigh
étouffé: stifled
le cil: eyelash
éclater: to break out
frémir: to shudder, tremble
juger bon: to see fit
témoigner: (here) to show
éclos: (lit.) opened; also (fig.) formed

laiteux: milky-white
le propos: exchange of words
atténué: (here) muted
la vedette: motor-boat
le cadre: frame
remuer: to stir, move
le ronronnement: humming
feutré: (here) muffled
le bateau de plaisance: pleasure-boat
ailleurs: elsewhere

Notes

moderato cantabile: musical term meaning 'moderately and melodiously'
quelle tête vous avez là: what a stubborn child you have there

à qui le dites-vous: you don't need to tell me
la vedette lui passait dans le sang: meaning that the motor-boat made him restive

Activités

I Actions
a) Say what action of the piano-teacher may be taken to represent her feelings. What are these feelings?
b) Note how the child acts. What does this show of the child's feelings?
c) Read closely the description of the child's hands. What does this description express regarding the child's character, as far as you can say?

II Speech
a) From what Anne Desbaresdes says, try to assess how she feels towards her child in this situation.
b) How does the piano-teacher feel towards the child, judging by what she says?

III Description
a) A contrast is created by the description of the motor-boat and the sea and that of the piano-lesson. What point does this contrast make?
b) Another contrast is created between the child and the other children outside. What point do you think is made here?

3
L'Enfant prodige

Jean-Paul Sartre: Born in Paris in 1905. From the age of two, he was brought up by his mother and grand-parents, his father having died of an illness contracted in the Far East. Sartre was an outstanding student at school and at university, where he read philosophy, which he went on to teach at Le Havre, Laon and Paris. He took part in World War II, was taken prisoner in 1940 and after repatriation in 1941 continued teaching as well as taking part in the Resistance. His first literary success came with the novel *La Nausée* in 1938, which was followed by a prodigious output of novels, plays, philosophical writings and critical essays. From 1946 on, he also edited the magazine *Les Temps modernes*. In 1964 he was awarded the Nobel Prize for Literature, which, however, he refused to accept. He is credited as being the prime mover of French existentialism, a philosophy which it is impossible to outline here, but which, through Sartre's writings, found a considerable following among the disillusioned French of the post-war period and which has had an important influence on French literature and thought. In keeping with his philosophical ideas, Sartre also involved himself in many political and humanitarian issues. Jean-Paul Sartre died, a figure of national and international importance, in 1980.

The following passage is taken from *Les Mots* (1964). Sartre recounts his childhood, when, as during the rest of his life, books and the written word in general were all-important for him.

Mon grand-père avait décidé de m'inscrire° au Lycée Montaigne. Un matin, il m'emmena chez le proviseur° et lui vanta° mes mérites: je n'avais que le défaut d'être *trop* avancé pour mon âge. Le proviseur donna les mains à° tout: on me fit entrer en huitième et je pus croire que j'allais fréquenter les enfants de mon âge. Mais non: après la première dictée, mon grand-père fut convoqué° en hâte par l'administration; il revint enragé, tira de sa serviette un méchant° papier couvert de gribouillis,° de taches° et le jeta sur la table: c'était la copie que j'avais remise.° On avait attiré son attention sur l'orthographe° – «le lapen çovache ême le ten»* – et tenté de lui faire comprendre que ma place était en dixième préparatoire. Devant «lapen çovache» ma mère prit le fou rire; mon grand-père l'arrêta d'un regard terrible. Il commença par m'accuser de mauvaise volonté° et par me gronder° pour la première fois de ma vie, puis il déclara qu'on m'avait méconnu;° dès le lendemain, il me retirait du lycée et se brouillait° avec le proviseur.

Je n'avais rien compris à cette affaire et mon échec° ne m'avait pas affecté: j'étais un enfant prodige qui ne savait pas l'orthographe, voilà tout. Et puis, je retrouvai sans ennui ma solitude: j'aimais mon mal.° J'avais perdu, sans même y prendre garde,° l'occasion° de devenir vrai:° on chargea M. Liévin, un instituteur° parisien, de me donner des leçons particulières;° il venait presque tous les jours. Mon grand-père m'avait acheté un petit bureau° personnel, fait d'un banc et d'un pupitre de bois blanc. Je m'asseyais sur le banc et M. Liévin se promenait en dictant. Je le détestais parce qu'il oubliait de me choyer:° je crois qu'il me prenait non sans raison pour un enfant retardé. Il disparut, je ne sais plus pourquoi: peut-être s'était-il ouvert° à quelqu'un de son opinion sur moi.

* Le lapin sauvage aime le thym.°

Vocabulaire

inscrire: to enrol
le proviseur: headmaster
vanter: to boast
donner les mains à: to see to, take charge of
convoquer: to summon
méchant: (here) wretched, sorry-looking
le gribouillis: scrawl, scribble
la tache: stain, blot
remettre: to hand in
l'orthographe (f): spelling
le thym: thyme
la mauvaise volonté: unwillingness
gronder: to scold
méconnaître: to misjudge
se brouiller: to argue, quarrel
l'échec (m): failure
le mal: (here) misfortune

sans y prendre garde: without realising it
l'occasion (f): opportunity
devenir vrai: to come good, show one's true qualities
l'instituteur: (primary-school) teacher
particulier: private
le bureau: writing-desk
choyer: to pamper
s'ouvrir: to disclose one's feelings

Activités

I

a) Que pensait le grand-père de son petit-fils?
b) Est-ce que le garçon est resté longtemps en huitième?
c) Expliquez en quoi consiste une dictée.
d) Pourquoi le grand-père a-t-il été *convoqué en hâte par l'administration*?
e) Pourquoi est-il revenu enragé?
f) Qu'est-ce que le garçon ne savait pas faire?
g) Pourquoi le grand-père a-t-il retiré son petit-fils du lycée?
h) Comment l'instruction du garçon a-t-elle continué?
i) Est-ce que cette instruction a réussi?

II

a) Analyse the first reaction of the grandfather to the poor standard of work of his grandson; then examine any change in this reaction.
b) Quoting specific instances from the text, show whether or not you regard the boy as a spoilt child.
c) Why do you think the child was unaffected by his 'failure'?
d) Do you think the author now shows some sympathy for those who had the responsibility of educating him? Support your ideas by quoting from the passage.

4
La Journée scolaire

Henri Troyat: Born in Moscow in 1911. After the Russian Revolution, his family settled in Paris, where he has lived since 1920. After studying law at university, he took up a post as a civil servant, which he later resigned in order to devote himself to writing. Though he has written for the theatre, Troyat is perhaps best known as a novelist and biographer. He has written both short novels – such as *La Tête sur les épaules* and *La Neige en deuil* – and the longer *roman cyclique*, such as *Tant que la terre durera* (3 volumes), which observes the effects of the Russian Revolution on a community over three generations. Whatever type of novel Troyat writes, they are all marked by a considerable narrative skill. He has also written biographies of some of the great 19th century Russian novelists. In 1959 he became a member of the French Academy.

The passage below comes from Troyat's first novel *Faux-jour* (1935), which deals with the changing relationship between a father and son. The son, who is the narrator of the novel, recounts here a typical day when, as an eight-year-old, he was taken to school by the maid, Frinne.

A sept heures je me levais, je m'habillais, et Frinne me conduisait au lycée à travers les rues endormies. La classe était longue, avec des murs badigeonnés° de couleur chocolat jusqu'à mi-hauteur,° crème au-dessus. Entre les deux fenêtres à carreaux dépolis° étaient épinglés° les dessins des meilleurs élèves. Ils représentaient invariablement des feuilles de platane° étalées à plat.° Comme j'étais timide, la peur d'être interrogé me tenaillait° jusqu'au malaise. Je cherchais à me dissimuler° derrière le dos de mes camarades. J'inventais mille prétextes pour sortir: j'étais indisposé, ma tante m'avait prié d'aller prévenir le proviseur de sa visite, la craie manquait au tableau et l'économe° m'avait enjoint° de venir par moi-même en renouveler la provision. Il m'arrivait ainsi de pouvoir m'échapper de la salle où les autres continuaient de somnoler. Je filais° à travers les couloirs déserts, attentif à marcher sur la pointe des pieds, par crainte d'être entendu de quelque surveillant° en tournée° d'inspection. Je gagnais les cabinets.° Il y régnait° une bonne grosse chaleur qui vous engourdissait° dès le seuil.° L'eau ruisselait° avec un doux bruit sur les ardoises.° De soudains grondements° secouaient les tuyaux° fixés au mur. Près de la fenêtre, il y avait un essuie-main aux extrémités cousues° bout à bout, et qui était monté sur deux rouleaux° parallèles, comme une courroie de transmission.° Le drap en était maculé° de brun par le sang des genoux écorchés,° de noir par les plumes que l'on retirait des porte-plume° en s'emmaillotant° les doigts dans l'étoffe, de gris par la crasse° des mains à peine lavées entre deux chutes° sur les cailloux° boueux° de la cour. Je l'inspectais souillure par souillure,° imaginant pour chacune l'incident qui l'avait provoquée. J'avais l'impression de déchiffrer° un grimoire° précieux. Je m'émerveillais de retrouver à travers cet alphabet connu de moi seul l'histoire obscure et mouvementée° du lycée Faraday. Parfois, un camarade venait me rejoindre. Nous échangions des timbres avec gravité. Chacun de nous possédait un classeur° et des pincettes° nickelées.° La présentation de la collection jouait un grand rôle. Certains collaient leurs timbres sur des feuilles volantes° et les encadraient° de doubles traits à l'encre rouge et violette, avec au-dessous le nom du pays et le prix du catalogue; d'autres les tenaient dans de minuscules enveloppes transparentes d'où ils ne les sortaient qu'une fois le marché° conclu, et avec d'amoureuses précautions.

Vocabulaire

badigeonné: covered over
jusqu'à mi-hauteur: halfway up
fenêtres à carreaux dépolis: frosted-glass windows
épinglé: pinned
le platane: plane-tree
étalé à plat: spread out flat
tenailler: to torture
se dissimuler: to hide oneself
l'économe: the bursar
enjoindre: to direct
filer: to go, slip away
le surveillant: supervisor
la tournée: round
les cabinets: toilets
régner: to prevail
engourdir: to make tired, sluggish
le seuil: threshold
ruisseler: to stream

une ardoise: slate
le grondement: rumbling sound
le tuyau: pipe
cousu: stitched
le rouleau: roller
la courroie de transmission: drive-belt
maculé: spotted, stained
écorché: scraped, grazed
le porte-plume: pen-holder
emmailloter: to wrap round
la crasse: dirt
la chute: fall
le caillou: stone
boueux: muddy
la souillure: stain
déchiffrer: to decipher
un grimoire: book of spells, magic book

mouvementé: eventful
le classeur: file
les pincettes: tweezers
nickelé: nickel-plated

la feuille volante: loose leaf
encadrer: to make a border around
le marché: deal, bargain

Activités

I

a) En utilisant vos propres mots, décrivez brièvement la salle de classe.
b) Pourquoi le garçon essayait-il de se cacher derrière le dos de ses camarades?
c) Pourquoi voulait-il quitter la salle de classe en réalité?
d) Pourquoi marchait-il sur la pointe des pieds en traversant les couloirs?
e) Qu'est-ce qu'on remarquait tout de suite en entrant dans les cabinets?
f) Pourquoi y avait-il des taches sur le drap de l'essuie-main? Donnez trois raisons.
g) Qu'est-ce que le garçon collectionnait?

II

a) What examples does the narrator give of his timidity as a schoolboy?
b) Explain fully what the author means by *un grimoire précieux* and *cet alphabet connu de moi seul*. Do not merely translate from the text.
c) Give reasons why, or why not, the expressions *avec gravité* and *amoureuses* (in the last section) are appropriate. Do you think that by using these words the author is guilty of exaggeration?
d) What characteristics, apart from timidity, could you attribute to the boy? Illustrate your comments by quoting from the passage.

5
La Conversation anglaise

André Maurois: the assumed name of Emile Herzog, born 1885 near Rouen, where his family, originally from Alsace, had set up business. He attended the *lycée* at Rouen and then studied at Caen University. During the First World War, he acted as liaison officer with the British Army, basing two novels on his experiences: *Les Silences du Colonel Bramble* and *Les Discours du Docteur O'Grady*, which are mildly satirical observations of the British officer class and which were both highly successful. In addition to novels, Maurois also wrote biographies of literary and political figures (Shelley, Byron, Voltaire, Chateaubriand, Proust, Hugo, Disraeli) and histories of France and England. He became a member of the French Academy in 1938 and taught in American universities between 1940 and 1943. He is recognised for his perceptive and often amusing comments on the British way of life, an example of which occurs in the text reproduced here. It is taken from *Conseils à un jeune Français partant pour l'Angleterre* (published in 1938), a kind of open letter of advice on English manners and customs. André Maurois died in 1967.

Tant que° tu n'auras pas «trouvé ta profondeur», parle peu. En France c'est une impolitesse que de laisser tomber la conversation; en Angleterre c'est une imprudence que de la relever°. Personne ici ne te reprochera° ton silence. Quand, pendant trois ans, tu n'auras pas ouvert la bouche, ils penseront: «Ce Français est un agréable et tranquille garçon.» Sois modeste. Un Anglais te dira: «J'ai une petite maison à la campagne»; quand il t'invitera chez lui, tu découvriras que la petite maison est un château de trois cents chambres. Si tu es champion du monde de tennis, dis: «Oui, je ne joue pas trop mal.» Si tu as, dans un voilier° de six mètres, traversé l'Atlantique, dis: «Je fais un peu de canotage°.» Si tu as écrit des livres, ne dis rien. Ils découvriront eux-mêmes, avec le temps, cette regrettable mais inoffensive faiblesse; ils te diront en riant: «J'ai appris des choses sur vous», et ils seront contents de toi. Si tu es traité° injustement (car ils

14

sont parfois injustes), va droit à eux et explique-leur tes griefs°. Il y a beaucoup de chances pour qu'ils reconnaissent leurs torts. Ils tiennent à° jouer le jeu.

Règle d'or: Ne pose jamais de questions. J'ai vécu six mois, pendant la guerre, sous la même tente qu'un Anglais dont je partageais° le tub sans qu'il m'ait demandé si j'étais marié, ce que je faisais en temps de paix et quels étaient les livres que je lisais sous ses yeux. Si tu tiens à faire des confidences°, elles seront écoutées avec une indifférence polie. Garde-toi° des confidences sur les autres. Les «potins°» existent ici comme ailleurs°, mais ils sont à la fois° plus rares et plus graves°. Pas de milieu entre le silence et le scandale. Préfère le silence.

Vocabulaire

tant que: as long as
relever: to raise again
reprocher: to reproach, object to
un voilier: sailing-boat
le canotage: boating
traiter: to treat
le grief: grievance
tenir à: to insist on

partager: to share
faire une confidence: to tell a secret
se garder de: to beware of, refrain from
les potins (coll.): gossip
ailleurs: elsewhere
à la fois: at once
grave: serious

Activités

I
a) Summarise the main pieces of advice which the author gives concerning the art of conversation in England.
b) Taking into account the subject of the text, how would you assess the tone of the final sentence? What effect is created by its brevity?
c) What passages in the text could be said to be lightly humorous? By what means is this humour achieved?

6
La Traversée de l'Atlantique

Blaise Cendrars: Born 1887 at La Chaux-de-Fonds, Switzerland; died 1961. After an unsettled and sporadic education, Cendrars left home and began his travels to various parts of the world. His first long voyage took him across Russia and the Far East. He was wounded in World War I but further extensive travels followed, including a journey to South America. During the 1910s and 1920s he figured in Parisian artistic and literary circles, associating with the leading poets, painters and musicians of that period. His literary production at first took the form of poetry, of which he published five volumes, before turning to prose in such work as *Moravagine* (1926), from which the following passage has been chosen. He wrote little during World War II, but there came numerous semi-autobiographical works afterwards, beginning with *L'Homme foudroyé* (1945). He led an adventurous, sometimes dangerous life, reflected in his vivid, exuberant narratives.

Moravagine is a tale of the adventures of the author and his friend, whose name is given to the title of the book, but whose character is fictitious. In the passage below, the author and Moravagine have managed to escape from Russia, which was in the first throes of revolution, by stowing away on a ship. After a short stay in England, they find themselves once more on board a ship, bound for America.

Quand on sort de l'enfer° russe, la vie paraît belle et agréable. On s'attendrit° à la vue des gens qui travaillent tranquillement et leur sort° paraît digne d'envie, facile. Même Londres, surpeuplée,° commerçante et noire, semble aimable. L'homme de la rue, l'oisif° aussi bien que le travailleur, précis, correct, entier dans sa sobre élégance, fait partie d'un ensemble bien ordonné et se tient dans sa place dans le team. Quel contraste avec la vie russe! Toute la vie anglaise n'est qu'une partie de sport, un *fair-play* qui a ses lois et ses usages° chevaleresques,° et tout le pays, ratissé,° vert, ombragé, gazonneux,° n'est qu'un immense terrain de jeux. Autour, le ciel et la mer ont des joues° d'enfants, d'enfants sains, d'enfants propres,

16

d'enfants riches qui ont des joujoux° tout neufs, des locomotives étincelantes,° des bateaux reluisants.° Les villes sont comme des cabines d'acajou° où ces deux grands enfants entrent parfois se reposer, et quand ils se réveillent, ils ont les yeux clairs, babillent° et font le bonheur de leur famille, l'Angleterre.

A bord du *Caledonia* qui nous emporte de Liverpool à New York, Moravagine et moi ne sortons pas de l'appartement privé que nous occupons; et quand nous sortons, c'est à l'heure du thé, pour nous mêler aux enfants. Nous avons besoin de continuer cette cure° d'innocence inaugurée à Londres au moment de notre débarquement, après cet effroyable voyage à fond de cale,° et un séjour de trois semaines en Angleterre n'est pas arrivé à nous défatiguer. Nous sommes montés en Écosse, nous sommes descendus en Cornouailles, nous nous sommes promenés dix jours dans les collines du Cumberland, ça n'était pas assez; solitaires, taciturnes et maussades° nous errions, non pas lourds de remords, mais à plat.° Et ce n'est qu'une fois à bord que nous nous sommes rendu compte de la préexcellence curative de l'Angleterre, de son climat émollient,° de son ambiance d'innocence, de l'admirable correction° de ses habitants, de la beauté, de la santé de ses enfants et de la vie, et nous nous sommes mis à les regretter. C'est pourquoi nous recherchons la compagnie des tout petits, pour nous détendre,° pour nous réconforter. Nous continuons notre traitement.

Nous faisons chaise longue° toute la journée. Moi, je ne veux pas sortir, et c'est Moravagine qui a découvert cette cure de cinq heures, à l'heure du thé, au milieu des enfants, des rires, des bonnes° et d'un singe.

Vocabulaire

l'enfer (m): hell
s'attendrir: to be touched, moved
le sort: fate, one's lot
surpeuplé: over-populated
un oisif: idle person
l'usage (m): custom, code of conduct
chevaleresque: chivalrous
ratissé: raked, i.e. well-tended
gazonneux: covered with lawns
la joue: cheek
le joujou: toy
étincelant: sparkling
reluisant: shining
l'acajou (m): mahogany
babiller: to babble

la cure: health treatment
à fond de cale: at the bottom of the hold (of a ship)
maussade: sullen
à plat: flat
émollient: mild
la correction: correctness
se détendre: to relax
faire chaise longue: to lie on a couch
la bonne: maid

Activités

I

a) Quel pays est-ce que le narrateur vient de quitter?

b) Qu'est-ce qui nous amène à croire que ce pays n'a pas plu au narrateur?

c) Selon le narrateur, quels sont les inconvénients de Londres?

d) Pourquoi le narrateur dit-il que *la vie anglaise n'est qu'une partie de sport*?

e) Qui sont *ces deux grands enfants*?

f) Où est le narrateur en ce moment?

g) Comment le narrateur et son compagnon avaient-ils fait le voyage pour arriver en Angleterre?

h) Comment les deux hommes se sentaient-ils après leur séjour en Angleterre?

i) En quoi consiste *la préexcellence curative de l'Angleterre*, selon l'auteur?

j) Expliquez comment les deux hommes passent leur journée à bord du bateau.

II

a) In the second paragraph, the author uses an unusual metaphor: *le ciel et la mer ont des joues d'enfants*. What do you think he is attempting to express?

b) Throughout the passage, the author makes several references to children. Examine these references carefully and then try to say why he attaches such importance to children.

c) What do you think is meant by *cette cure d'innocence inaugurée à Londres*?

III

a) *Moravagine* was published in 1926. Which of the author's comments on England seem to you no longer relevant and which ones might be said still to apply?

7
La Cuisine anglaise

Albert Cohen: Born in 1895 in Corfu. When Cohen was five years old, he and his family arrived in Marseilles, having fled Greece because of the strong anti-semitic feeling there. At school in Marseilles he became a friend of Marcel Pagnol, and went on to study law in Switzerland, where he later worked for the U.N. Cohen's first written work was a volume of poetry and he also wrote for the theatre, but he is best known for his four novels, which combine to form the saga of a group of Jews originating from the Greek island of Cephalonia. The first of these is *Solal* (1930), which was followed by *Mangeclous* (1938), but it was not until 1968, with the publication of the third novel, *Belle du Seigneur*, that Cohen eventually found favour with the wider public. In the following year came *Les Valeureux*, which was originally intended to be published as part of *Belle du Seigneur*, and from which the passage below is taken. He also wrote two volumes of autobiography, *Livre de ma mère* (1954) and *O vous frères humains* (1973). He died in Geneva in 1981.

The passage which follows is part of a long letter written by the main character, who wishes to express to the Queen his findings and observations on England.

Mais d'abord commençons par les compliments! J'apprécie Certains Aspects de la Cuisine Anglaise! Quoi de plus ravissant qu'un Breakfast Anglais, poissons fumés de diverses sortes, soit° les jaunes bouillis avec du beurre fondu° par-dessus, soit les bronzés tout plats et entrouverts° qu'on fait griller et qui sentent si bon! Et puis voici qu'arrivent les Chers Oeufs Frits avec Délicieux Bacon savouré en cachette° de mes cousins rétrogrades! Je vous assure que si Moïse° avait goûté° de Vos Oeufs au Bacon il aurait changé d'avis° sur le Porc! Je me fie à° Votre Discrétion d'Honneur, car il ne faudrait tout de même pas qu'à Céphalonie+ on apprenne mes innocentes transgressions! Donc le passage ci-dessus sur le Bacon est Strictement

19

Confidentiel et pour Votre Information Personnelle! Compliments aussi sur Votre Marmelade d'Oranges, Vos Biscuits Huntley and Palmers, surtout ceux au Gingembre!°

Ces hommages rendus sincèrement quoique avec un Brin° de Diplomatie, je ne crains pas de dire courageusement et avec grimace appropriée que, sauf les exceptions susnommées,° la cuisine anglaise est indigne° de la patrie de Shakespeare! Cartes sur table,+ Madame, le pays qui fait de si bons breakfasts se déshonore par le reste de sa cuisine!

Pour l'amour du ciel, Majesté! Dans Vos restaurants, j'ai assisté à des épisodes effrayants! Par exemple, le jour de mon arrivée, on m'a servi un poisson frit, je répète frit, avec comme accompagnement des choux bouillis, je répète bouillis! Trop bouillis d'ailleurs et sinistres° au coin de l'assiette d'où coulait leur eau déshonorante° dans laquelle trempait le pauvre poisson profané,° perdant de ce fait° le croustillant° qui fait le charme de la friture!° Avale cela, mon ami, et débrouille-toi!+ D'ailleurs le bedeau° de la synagogue séphardite,+qui partage mes sentiments, m'a dit qu'en Angleterre les légumes n'ont pas de noms particuliers et que Vos compatriotes les appellent simplement des verts! Le mot en Votre langue étant greens! Des verts! La couleur leur suffit! Le goût leur importe° peu! Alors voilà, ils commandent de la viande et des verts, du poisson et des verts! Et des verts toujours bouillis!

Et ce n'est pas tout! Autre exemple, écoutez! L'autre jour, au restaurant appelé Lyons, mon voisin, un homme à l'air honnête°pourtant, mangeait des spaghettis sur toast! tandis qu'à côté de lui une jeune fille aux grands yeux bleus se délectait° de flageolets° sur toast! Dans les deux cas, farineux° sur farineux! Démence!° En ce cas, pourquoi pas un toast sur toast alors, je Vous le demande en toute franchise,° Majesté? Et comme boisson, l'homme à la tête honnête but avec ses spaghettis une limonade gazeuse! Parole d'honneur, Madame, et que je perde mes yeux si je mens!

Et comme dessert, Madame, on m'apporta un petit cercueil° de papier contenant une substance tremblante colorée en rouge, celle de mes voisins étant jaune, laquelle substance devait être de la gelée° de pied de veau ou de la colle de poisson,° bref de l'eau solide et tiède, surmontée d'une rondelle° de banane, et comme goût, la saveur d'une potion contre la toux! Et c'est ce que vous appelez un dessert, Majesté? Allons, voyons!°

Je ne suis que depuis peu de jours à Londres mais que n'ai-je pas vu! Des pommes de terre bouillies et à peine écrasées° avec un peu d'eau, dépourvues de° beurre et de lait, et ils osent appeler cette infamie° du doux nom de purée!° Pardon, Majesté, mais l'indignation m'étouffe,° et je parlerai la tête sur l'échafaud!+ Et vos omelettes sèches, se refusant à° baver,° vous rendez-vous compte, Chère

Madame? Et le mouton, ils le font bouillir, m'a assuré mon informateur de la synagogue en prêtant serment° sur la tombe de sa mère! Alors que le mouton au four° ou à la broche° avec son extérieur joliment croustillant, d'un brun foncé, est une merveille! Et les salades anglaises, Madame! Sans huile, sans vinaigre, assaisonnées° à l'eau! Ils mangent des feuilles, comme les lapins! Et votre bière tiède! Et votre pain avec une croûte° molle et une mie° sans trous! Un pavé° de coton° pressé! Une honte pour un grand pays! Une gifle,° cette cuisine, à la Chambre des Lords et à la glorieuse flotte° anglaise qui nous sauva du pogrome!+ J'ajoute encore que j'ai appris, mes cheveux se soulevant, que vous ne disposez° en Angleterre que de deux sortes de soupes, l'une appelée épaisse et l'autre appelée claire! Un point° c'est tout! Sans commentaires!

Vocabulaire

soit . . . soit: either . . . or
fondu: melted
entrouvert: half-opened
en cachette: secretly
Moïse: Moses
goûter: to taste
changer d'avis: to change one's mind
se fier à: to trust, rely on
le gingembre: ginger
un brin: (here) a little
susnommé: above-named
indigne: unworthy
sinistre: dismal-looking
déshonorant: shameful
profané: defiled, misused
de ce fait: because of that
le croustillant: crispness
la friture: fried food
le bedeau: verger
importer: to matter
honnête: respectable
se délecter de: to delight in
le flageolet: bean
farineux: floury, mealy
la démence: madness, lunacy
la franchise: frankness, honesty

le cercueil: coffin
la gelée: jelly
la colle de poisson: kind of gelatine, fish glue
une rondelle: circle
allons, voyons!: come now!
écrasé: mashed
dépourvu de: deprived of, lacking
une infamie: (here) wretched thing
la purée: (potato) purée, mashed potato
étouffer: to choke
se refuser à: to resist, refuse
baver: to dribble, be runny
prêter serment: to swear
au four: (roasted) in the oven
à la broche: (roasted) on the spit
assaisonné: seasoned
la croûte: crust
la mie: middle of a loaf
un pavé: cobble-stone, slab
le coton: (here) cotton wool
une gifle: slap in the face
la flotte: fleet, navy
disposer de: (here) to have
un point: full-stop

Notes

Céphalonie: Cephalonia, a Greek island, and the homeland of the narrator.

cartes sur table: let's put our cards on the table.

Avale cela et débrouille-toi: swallow that and see how you manage.

séphardit: Sephardic, i.e. referring to the Jews of Spain and Portugal.

je parlerai la tête sur l'échafaud: I will speak with my head on the scaffold; i.e. nothing will stop me from speaking out.

le pogrome: pogrom, i.e. massacre of Jewish people.

Activités

I

a) Que pense le narrateur du petit déjeuner anglais?

b) Expliquez pourquoi ses cousins ont savouré *en cachette* le bacon.

c) Quelle est l'opinion du narrateur sur la cuisine anglaise en général?

d) Exprimez d'une autre façon la phrase *cartes sur table*.

e) Pourquoi le narrateur s'étonne-t-il que les Anglais appellent les légumes 'des verts'?

f) Pourquoi s'étonne-t-il également de voir un homme *à l'air honnête* manger des spaghettis sur toast?

g) Que pense-t-il du dessert qu'on lui a servi au restaurant?

h) Expliquez pourquoi le narrateur se plaint des plats suivants, tels qu'on les sert en Angleterre: (i) la purée de pommes de terre; (ii) les omelettes; (iii) les salades; (iv) le pain.

i) Pourquoi trouve-t-il ces plats honteux?

j) Essayez d'expliquer pourquoi ses cheveux se dressaient sur sa tête.

II

Choose from the text two short passages which you find amusing and try to analyse how the author creates humour. If however, you do not find any part of the passage amusing, give your reasons.

22

8
Conversation avec un Anglais

Valery Larbaud: Born 1881 at Vichy; died 1957. The son of a land-owning family, he was orphaned at an early age. In his youth he began extensive travels throughout Europe, which he continued during the rest of his life, staying for long periods in England and Spain. His first published work was *Poèmes d'un riche amateur* (1908), followed by the novel *Fermina Marquez* (1911). His next work, *A. O. Barnabooth* (1913), is perhaps his finest: dealing with a young South American who travels Europe seeking excitement and spiritual satisfaction, it has a theme of cosmopolitan adventure which Larbaud shared with Cendrars. Larbaud wrote numerous critical essays, some of which were devoted to aspects of English literature, as in *Ce vice impuni, la lecture* (1925). He also translated from English and produced a notable version of Joyce's *Ulysses*. Though Larbaud is not a major figure of 20th century French literature, during his lifetime he was highly respected as a man of letters. In addition, he can be seen as an important precursor of writers of greater standing.

The passage below is taken from *Le Cœur de l'Angleterre*, an account of a tour through the county of Warwickshire in 1909, a work interesting not only for its polished descriptive passages but also for its observations on the English way of life, seen through French eyes.

Mon interlocuteur est lui-même un grand vagabond;° et, dès qu'il a quinze jours de loisir, il va parcourir à bicyclette les routes de la Normandie. Les quelques expressions françaises qu'il cite° çà et là dans la conversation me prouvent qu'il sait très bien notre langue. Mais, comme tous ses compatriotes, il se méfie° de son accent et préfère parler anglais.

Il me confie° que sa plus grande ambition est de s'installer définitivement en Normandie. Il a une sœur mariée à un viticulteur° français dans l'Est. Il est vraiment amoureux de la France; et il paraît trop sincère, et il est trop liant° pour que je puisse croire qu'il me

23

flatte.° J'ai souvent remarqué ce caractère ouvert et même trop confiant de la bourgeoisie anglaise; et je l'apprécie.

Nous touchons à tous les sujets, et maudissons° d'une seule voix la cuisine anglaise, que nous mangeons pourtant de bon appétit, arrosée° d'un grand verre de gingembre.° La servante vient nous demander, de temps en temps, si nous ne manquons de rien. C'est la grande préoccupation du personnel féminin de toute maison anglaise, et l'on peut dire que ce qu'une Anglaise admire le plus chez l'homme, après le courage, c'est l'appétit. Cela n'empêche pas la cuisine anglaise de paraître grossière° à qui a goûté° de la cuisine française.

Je m'aperçois que mon compagnon est un véritable continental, au meilleur sens du mot. Ses promenades en France, durant lesquelles il a été en contact avec le peuple et avec les paysans, ont élargi° ses vues sur toutes choses. D'après° lui, les seuls points sur lesquels l'Angleterre l'emporte° sur la France sont: la propreté° et le confortable. «Mais cela, on peut toujours l'avoir chez soi.» Et surtout, ce qu'il y a d'agréable en France, selon lui, c'est que les lois° n'y sont pas appliquées à la lettre, et qu'on y laisse un peu de jeu° à l'indulgence de la police et à l'initiative du magistrat, «par exemple en ce qui concerne l'heure à laquelle les cyclistes doivent allumer leurs lanternes».° Je sens que pour lui, l'Angleterre est un pays où l'on ne s'amuse guère et où l'on est trop tenu.° Il a goûté à la vie du Continent; et, qu'il y veuille sans cesse revenir, je le comprends!

Il s'étonne que j'aie plaisir à me promener dans la campagne anglaise; et à mon tour, je fais l'éloge de° son pays. Je lui dis que j'aime l'Angleterre justement à cause de cette *rusticité* qu'il semble lui reprocher;° que j'aime l'Angleterre parce que tout y est – seul un mot anglais pourrait exprimer cela – *homely* (Le dictionnaire traduit: homely = simple, peu gracieux, presque laid, rustique. Mais aucune de ces traductions n'est exacte ici. Homely signifie: domestique, de la maison, pareil° aux choses de la maison; et même ces mots n'expriment pas le charme de ce qui est *homely*, – le charme de l'Angleterre).

Vocabulaire

un vagabond: wanderer, traveller	**le gingembre:** ginger-beer
citer: to quote	**grossier:** coarse
se méfier: to mistrust	**goûter:** to taste
confier: to confide	**élargir:** to broaden
un viticulteur: vine-grower	**d'après:** according to
liant: affable	**l'emporter sur:** to surpass
flatter: to flatter	**la propreté:** cleanliness, tidiness
maudire: to curse	**la loi:** law
arrosé: washed down	**un peu de jeu:** a bit of scope, latitude

la lanterne: lamp
tenu: held back, restricted
faire l'éloge de: to praise

reprocher: to reproach, object to
pareil: equal, like

Activités

I

a) Est-ce que les deux hommes parlent en anglais ou en français?
b) Que pense l'Anglais de la France?
c) Expliquez ce que veut dire *ce caractère ouvert.*
d) Que pensent les deux hommes de la cuisine anglaise? Et de la cuisine française?
e) Expliquez pourquoi l'Anglais semble connaître si bien la France.
f) Expliquez pourquoi l'Anglais s'étonne que le narrateur ait plaisir à se promener dans la campagne anglaise.

II

a) What are the reasons why the Englishman prefers France?
b) According to Larbaud, in what does *le charme de l'Angleterre* consist? Does he also have any reservations about England?

III

Compare the three passages by Maurois, Cendrars and Larbaud, each of which deals with certain aspects of Britain and the British way of life. Which passage seems to you to make the most interesting and perceptive comments on the subject? Give your reasons. (Note that the French, in common with other nationalities, often refer to the British as the English.)

III La Guerre

9
L'Officier allemand

Vercors (pseudonym of Jean Bruller): Born in Paris, 1902. He began a career as an engineer and was also a successful illustrator and artist. During World War II he was a member of the Resistance movement and was one of the founders of the originally clandestine *Editions de Minuit*. In 1941 he wrote *Le Silence de la mer* (from which the extract below has been chosen), which was published secretly the following year. Many of its readers were initially surprised that the German officer portrayed in the novel was depicted not as an ogre but as a sensitive human being, but the novel makes its point all the more convincingly because of that. Other fiction followed, both during the war and after, but none had the same amount of success as *Le Silence de la mer*, which has sold more than a million copies and has been translated into many languages.

In the passage below, the German officer, who has been billeted at the house of the narrator, a Frenchman, and his niece, speaks of the relationship between France and Germany.

Il demeura sans bouger assez longtemps, sans bouger et sans parler. Ma nièce tricotait avec une vivacité mécanique. Elle ne jeta pas les yeux sur lui, pas une fois. Moi, je fumais, à demi allongé dans mon grand fauteuil. Je pensais que la pesanteur° de notre silence ne pourrait pas être secouée.° Que l'homme allait nous saluer et partir.

Mais le bourdonnement° sourd° et chantant s'éleva de nouveau, on ne peut dire qu'il rompit° le silence, ce fut plutôt comme s'il en était né.

— J'aimai toujours la France, dit l'officier sans bouger. «Toujours. J'étais un enfant à l'autre guerre et ce que je pensais alors ne compte pas. Mais depuis je l'aimai toujours. Seulement c'était de loin.» Il fit une pause avant de dire gravement: «A cause de mon père.»

Il se retourna et, les mains dans les poches de sa veste, s'appuya° le long du jambage.° Sa tête cognait un peu sur la console.° De temps en temps il s'y frottait lentement l'occipital,°d'un mouvement naturel de cerf.° Un fauteuil était là offert, tout près. Il ne s'y assit pas. Nous ne le lui offrîmes pas et il ne fit rien, jamais, qui pût passer pour de la familiarité.

Il répéta:

— A cause de mon père . Il était un grand patriote. La défaite a été une violente douleur. Pourtant il aima la France. Il aima Briand,+ il croyait dans la République de Weimar+ et dans Briand. Il était très enthousiaste. Il disait: «Il va nous unir, comme mari et femme.» Il pensait que le soleil allait enfin se lever sur l'Europe . . .

En parlant il regardait ma nièce. Il ne la regardait pas comme un homme regarde une femme, mais comme il regarde une statue. Et en fait, c'était bien une statue. Une statue animée, mais une statue.

— . . . Mais Briand fut vaincu. Mon père vit que la France était encore menée par vos Grands Bourgeois cruels. Il me dit: «Tu ne devras jamais aller en France avant d'y pouvoir entrer botté et casqué.»° Je dus le promettre, car il était près de la mort. Au moment de la guerre, je connaissais toute l'Europe, sauf la France.

Il sourit et dit, comme si cela avait été une explication:

— Je suis musicien.

Une bûche s'effondra,° des braises° roulèrent hors du foyer. L'Allemand se pencha, ramassa les braises avec des pincettes. Il poursuivit:

— Je ne suis pas exécutant: je compose de la musique. Cela est toute ma vie, et, ainsi, c'est une drôle de figure pour moi de me voir en homme de guerre. Pourtant je ne regrette pas cette guerre. Non. Je crois que de ceci il sortira de grandes choses . . .

Il se redressa, sortit ses mains des poches et les tint à demi levées:

— Pardonnez-moi: peut-être j'ai pu vous blesser. Mais ce que je disais, je le pense avec un très bon cœur: je le pense par amour pour la France. Il sortira de très grandes choses pour l'Allemagne et pour la France. Je pense, après mon père, que le soleil va luire° sur l'Europe.

Il fit deux pas et inclina le buste. Comme chaque soir il dit: «Je vous souhaite une bonne nuit.» Puis il sortit.

Je terminai silencieusement ma pipe. Je toussai un peu et je dis: «C'est peut-être inhumain de lui refuser l'obole° d'un seul mot.» Ma nièce leva son visage. Elle haussait très haut les sourcils, sur des yeux brillants et indignés.° Je me sentis presque un peu rougir.

27

Vocabulaire

la pesanteur: weight, heaviness
secouer: to shake
le bourdonnement: humming (here referring to the tone of the German's voice)
sourd: (here) dull
rompre: to break
s'appuyer: to lean
le jambage: upright of mantelpiece
la console: (here) a high mantelshelf above fireplace

l'occipital (m): back of the head
le cerf: stag
botté et casqué: wearing boots and helmet
s'effondrer: to collapse, crumble
la braise: ember
luire: to shine
l'obole (f): small thing; (here) just a few words
indigné: indignant

Notes

Briand, Aristide (1862-1932): politician and statesman who won great popularity because of his belief in peaceful international negotiations and especially in a closer understanding and cooperation between France and Germany.

Weimar: became the seat of German government in 1919 after the fall of the Reich, lasting until 1933, when Hitler's rise to power began.

Activités

I
a) Où cet épisode se déroule-t-il? Quels en sont les personnages?
b) Quels sont les sentiments de l'officier envers la France?
c) Quelle est 'l'autre guerre' dont parle l'officier?Et 'la défaite'?
d) Quel espoir le père de l'officier nourrissait-il?
e) Pourquoi l'officier ne connaissait-il pas la France au début de la guerre?
f) Que fait l'officier dans la vie en temps de paix?
g) Quelle est son opinion sur cette guerre?
h) Essayez d'expliquer pourquoi, à la fin de ce texte, le narrateur se sentait presque un peu rougir.

II
a) How would you assess the relationship between the German officer and the narrator and his niece? Quote from the text to support your statement. Note also whether there is any change in feeling between the two parties.
b) What is the main linguistic evidence which shows that the German is not a native French speaker?

28

c) By assembling evidence from the text, try to describe the character of the German.

d) In this text, the author examines the relationship between two sets of people whose countries are at war. To what extent does the war determine the relationship between these individuals?

10
L'Attaque aérienne

Robert Merle: Born 1908 at Tebessa, Algeria. He studied philosophy
and English at university and wrote his doctoral thesis on Oscar Wilde.
During World War II he was seconded to the British Army and took part
in the evacuation from Dunkirk. He was taken prisoner and spent three
years in captivity before finally being repatriated in 1943. After the war
he taught at the universities of Rennes and Toulouse. He has published
translations from English (Webster, Swift, Erskine Caldwell) and two
volumes of works for the theatre, but is known best as a novelist. Of his
novels, the most important are *Week-end à Zuydcoote* (1949), *La Mort
est mon métier* (1953), a psychological study of a concentration camp
executioner, and *L'Ile* (1962), a maritime adventure set in the
eighteenth century.

Week-end à Zuydcoote, from which the following passage is taken, is
set at a beach near Dunkirk, at the time of the evacuation, when the
German Army was advancing across France. The novel centres on the
destinies of four men, one of whom is Maillat, the main character of the
extract printed here.

Tout d'un coup la D.C.A.[+] se mit à tonner.° Maillat leva la tête. Le
ciel de nouveau se piquait de° petits nuages blancs. On ne les avait pas
entendus venir, ceux-là. Ils volaient très haut, en formation serrée,° et
soudain ils se mirent à évoluer° gracieusement, comme ils avaient
déjà fait, à se séparer, à se rejoindre, à se séparer de nouveau. Ils
glissaient sur l'aile,° tournaient, amorçaient° une descente,
remontaient, viraient,° décrivaient des cercles, formaient des huit,°
puis, en triangle tout d'un coup, la pointe en avant, prenaient un
départ d'oiseaux migrateurs, l'interrompaient, revenaient sur eux-
mêmes, se divisaient à nouveau. Cela ressemblait aux figures bien
réglées d'un ballet, d'un gigantesque ballet à 2.000 mètres d'altitude,
une sorte de danse sacrée avant l'attaque.

Maillat sentit un picotement° désagréable derrière la nuque,° dans son dos, le long de son bras. C'étaient comme de petites aiguilles chaudes qui s'enfonçaient° dans sa chair,° il n'aurait su dire où exactement, et qui se déplaçaient° sans cesse. Ce n'était pas douloureux,° et pourtant, c'était à peine tolérable. Est-ce que j'ai peur? se demanda-t-il avec étonnement. Et soudain il eut envie de sortir de la foule à tout prix, de s'éloigner, de se mettre à courir il ne savait où, à toutes jambes. Il se contraignit° à rester immobile, et à la peine que cela lui coûta, il mesura sa panique. Est-ce que je deviens lâche?° se demanda-t-il avec angoisse. Ses jambes tremblaient, et en passant la main sur son visage, il s'aperçut qu'il dégouttait° de sueur°. Il se mit en marche lentement, en tournant le dos à la mer. Il s'obligeait à° compter ses pas, à maintenir son corps rigide. Ça va passer, pensa-t-il, j'ai déjà connu ça. Mais ça ne passait pas. Ça ne l'avait jamais pris si fort. A l'intérieur de son corps rigide il se sentait faible et mou comme un ver.° Tout d'un coup son cœur se mit à battre. Il l'entendait sonner dans sa poitrine à grands coups sourds.° Et il avait l'impression que sa poitrine allait se rompre° sous la force de ces coups.

Il s'arrêta au petit mur de soutènement° qui séparait la plage de la promenade. La D.C.A. continuait à tirer dans un vacarme° assourdissant,° mais là-haut les Stukas+ évoluaient toujours. Ils n'avaient pas fini leur danse sacrée. Il n'y avait pas de danger pour le moment. Et pourtant, pensa Maillat, j'ai peur, j'ai bel et bien° peur. Il s'efforçait° de prendre un ton gaillard,° d'ironiser sur° lui-même. Mais ses jambes tremblaient. Il s'appuya° d'une main sur le mur de soutènement et urina. Il se sentit mieux, sortit une cigarette de son étui.° En approchant° la flamme de son briquet, il s'aperçut que sa main, elle aussi, tremblait. Il la cacha dans sa poche. L'envie de courir le reprit, irrésistible. J'ai peur, pensa-t-il, j'ai atrocement peur. Il pensa qu'il ferait peut-être mieux de se détendre,° de se laisser aller. Il grimpa sur la promenade, et se mit à marcher plus vite. Mais ses oreilles se mirent à bourdonner,° et sa vue se troubla.°

Il s'arrêta de nouveau, et sortant son mouchoir, s'épongea le visage. Est-ce que je suis un lâche? se demanda-t-il avec dégoût. La cigarette lui sablait° la gorge. Il la voyait trembler au bout de ses lèvres. Il la jeta. Puis il crispa° les deux poings dans ses poches, et fit effort pour prendre une inspiration profonde,° mais comme il baissait la tête pour expirer° l'air, il aperçut ses jambes. Elles tremblaient. Il les voyait trembler sous sa culotte de cheval.° De la hanche à la pointe des pieds, elles étaient agitées d'un interminable frisson.°

Maillat jeta un coup d'œil anxieux autour de lui. Personne ne le regardait. Il sentit la sueur ruisseler° dans son dos entre les omoplates.°

Un sifflement° perçant domina le vacarme de la D.C.A., déchira°
l'air. Maillat fit un bond, s'aplatit° sur le sol. Le sifflement grandit
avec une intensité vertigineuse. Maillat s'appuya° désespérément sur
le sol. Il y eut un coup éclatant,°suivi de plusieurs roulements en
cascade.⁺ Le sol trembla.

    — Cette fois, dit une voix, ce n'est pas pour les bateaux, c'est pour
nous.

    Maillat se releva. On voyait une fumée noire émerger d'une maison
à une vingtaine de mètres. Brusquement des flammes jaillirent.° C'est
bien pour nous, pensa Maillat. Il chercha des yeux un abri.° Les villas
étaient des constructions si légères qu'elles n'offraient pas un abri
bien sérieux. Elles protégeraient des éclats,° malgré tout. Il vit une
large porte qu'un rideau de fer barrait à demi. Il s'y glissa. C'était un
garage minuscule. Une voiture civile, montée sur cales° et recouverte
en partie d'un vieux drap jauni, le remplissait presque entièrement.
Maillat fit retomber le rideau de fer, jeta un coup d'œil autour de lui.
Il était seul. Il poussa un soupir d'aise.° Déjà, de n'être plus dans la
foule, il lui semblait qu'il courait moins de risque. Il contourna° la
voiture, atteignit le fond du garage, s'adossa° contre le mur. Il alluma
une cigarette. Il put tirer quelques bouffées.° Ses jambes ne
tremblaient plus.

Vocabulaire

tonner: to thunder
se piquer de: be dotted with
serré: close
évoluer: to turn, revolve
glisser sur l'aile: to side-slip
amorcer: (here) to begin
virer: to turn, twist
un huit: a figure-of-eight
un picotement: tingling, pricking
la nuque: nape, back of the neck
s'enfoncer: (here) to stick into
la chair: flesh
se déplacer: to move about
douloureux: painful
se contraindre: to force, compel
  oneself
lâche: cowardly
dégoutter: to drip
la sueur: sweat
s'obliger à: to force oneself
un ver: worm
sourd: (here) dull

se rompre: to burst, break
le mur de soutènement: supporting
  wall
un vacarme: din, uproar
assourdissant: deafening
bel et bien: well and truly
s'efforcer de: to strive, endeavour to
prendre un ton gaillard: to look on
  the cheerful side
ironiser sur: to laugh about
s'appuyer: to support oneself, to
  lean
un étui: cigarette-case
approcher: to bring closer
se détendre: to relax
bourdonner: to buzz
se troubler: to become dim
sabler: (here) to make dry
crisper: to clench
une inspiration profonde: a deep
  breath
expirer: to exhale

32

une culotte de cheval: riding-breeches
le frisson: shudder
ruisseler: to run (of water)
les omoplates (f): shoulder-blades
un sifflement: whistle
déchirer: to pierce, rend
s'aplatir: to lie flat
s'appuyer: (here) to press oneself
un coup éclatant: crash, explosion

jaillir: to burst out, shoot upwards
un abri: shelter
un éclat: blast
les cales (f): blocks
un soupir d'aise: a sigh of relief
contourner: to go round
s'adosser: to lean (with the back against)
une bouffée: puff

Notes

la D.C.A. (défense contre avions): anti-aircraft defence
Stuka: type of German combat aircraft

plusieurs roulements en cascade: several successive rumbling sounds

Activités

I

a) Qu'est-ce que Maillat a vu en levant la tête?
b) Expliquez pourquoi Maillat a commencé à sentir *un picotement désagréable.*
c) Pourquoi avait-il du mal à rester immobile?
d) Quels étaient les signes physiques de son angoisse?
e) Qu'est-ce que Maillat essayait de faire pour oublier sa peur?
f) Qu'est-ce qui est arrivé à Maillat quand il a commencé à marcher plus vite?
g) Qu'est-ce qui a provoqué le sifflement perçant?
h) Quelle a été la réaction de Maillat en entendant le sifflement?
i) Essayez d'expliquer la phrase: 'Cette fois, ce n'est pas pour les bateaux, c'est pour nous.'
j) Où Maillat a-t-il trouvé un abri?
k) Pourquoi a-t-il poussé un soupir d'aise?

II

a) How does the author create a sense of menace in the opening paragraph? Look particularly at his choice of vocabulary and use of simile.
b) In this passage, suspense is created through the reactions of the main character, Maillat, to the situation. Trace the progression of (i) the thoughts; and (ii) the physical sensations of Maillat, to show how the situation reaches a climax.

11
Les Crémiers à table

Jean Dutourd: Born 1920 in Paris. He studied philosophy at university, but his studies were interrupted by the war. Two weeks after being mobilised, he was captured by the Germans but escaped. Three years later he was captured again and sentenced to death but escaped again. He spent the remaining period of the war working in the Resistance. After 1945, he took up journalism and full-time employment in a publishing house. He first achieved recognition as a writer with the essay *Le Complexe de César* (1945), which was followed by further essays, novels, a collection of poetry and a play as well as translations from English (Hemingway, Capote). Much of his writing is humorous and succeeds in being entertaining as well as highlighting moral problems, as in the novel *Au bon beurre* (1952) and *Les Taxis de la Marne* (1956), a series of essays based on wartime experiences.

The passage below is taken from *Au bon beurre*, a novel subtitled *Dix ans de la vie d'un crémier*, which traces the rise of the Poissonard family. The owners of a *crémerie*, Charles-Hubert and Julie Poissonard achieve considerable wealth and social status during and after the Occupation by dealings on the black market and profiteering and with scant regard for the moral consequences of their actions.

On vivait bien dans l'arrière-boutique.° Les repas étaient devenus fort gais, la table des Poissonard regorgeait de° victuailles,° le vin coulait à flots.° Jamais on n'avait mangé aussi gaillardement:° du beurre extra fin, des œufs du jour, des côtelettes dans le gigot,° des poulets de Bresse, de l'entrecôte,° du faux-filet,° des fromages faits à cœur,° etc. Riri⁺ était dodu° comme un porcelet° et son caractère s'améliorait° de façon surprenante; Jeannine, sous l'action de ces merveilleuses calories, perdait sa maigreur d'asperge.° Voici, à titre documentaire,° un dîner chez les Poissonard vers le milieu du mois de décembre 1940.

Charles-Hubert a inséré le coin de sa serviette dans son col; elle fait un grand triangle blanc sur sa poitrine. Il tient sa fourchette et son couteau comme deux sceptres dans ses poings fermés. L'approche de la nourriture amène un demi-sourire extasié° sur ses lèvres. Les deux enfants respectent son silence. Julie s'affaire auprès de la cuisinière à gaz, de laquelle monte un triple gazouillis de friture.° Pour commencer: une omelette de dix œufs avec du lard, puis des crépinettes;° pièce de résistance: une longe de veau° aux pommes de terre sautées. Fromages, crème au caramel, fruits. Vin: bordeaux supérieur. Digestif:° calvados.°

— Es-tu content de ta journée, Charles? demande Julie.

— On peut pas se plaindre,⁺ répond Charles. Mais ça devient de plus en plus dur de circuler. Bientôt on vous demandera un *ausvesse*⁺ pour aller à Bécon-les-Bruyères.

— Dis papa, interrompt Henri, des Boches,⁺ t'en a vu des Boches beaucoup, papa, dis, des Boches, combien t'en a vu⁺?

— Combien de fois faudra te répéter qu'il faut pas dire des Boches? Boche c'est pas gentil, et puis ils aiment pas ça. Quand on dit Boche, ils voient rouge, ils tueraient père et mère. C'est vrai, ça. Faut se mettre à leur place. Tu serais content, toi, Riri, si on te traitait° de Boche?

— Le gronde° pas comme ça, Charles, dit Julie, il sait pas, ce petit. C'est à l'école qu'on lui apprend des vilains mots. Dis à maman que tu diras plus jamais Boche, mon trésor. Si les Allemands ils t'entendaient, ils te prendraient et ils te mettraient en prison. Tu serais pas content d'être en prison, hein, mon chat?

— Ces gens-là, dit le crémier, ils sont ce qu'ils sont, mais ils sont corrects, on peut pas leur enlever ça. Puisqu'ils aiment pas qu'on les appelle Boches, y a qu'à pas les appeler Boches.⁺ Moi je suis pour éviter les ennuis.° On a tout intérêt à se tenir peinards.° Vainqueurs comme ils sont, je trouve qu'ils sont rudement chics° avec nous. C'est bien le moins° qu'on les respecte. Faut être réaliste dans la vie. A propos de Boche, y a Gambillon, tu sais, il m'a raconté une histoire pas ordinaire. Un gosse° dans la rue qui dit à un autre gosse: «Mon père il m'a donné de l'argent de poche.» Passe un Allemand,⁺ il entend ça, il comprend: «de l'argent de Boche»; il se croit insulté, il emmène le gosse à la commandature;° le gosse on l'a plus jamais revu. Ils plaisantent pas,° je te le dis, moi.

— Des histoires pareilles, ça vous retourne le sang, dit Julie avec un soupir. T'entends, Riri, ce qu'arrive⁺ quand on dit Boche?

— Comment qu'il faut dire, alors, si on dit pas Boche, papa? Je veux pas aller en prison comme le petit garçon.

— Il faut dire Allemand. Et puis à ton âge t'as pas besoin d'en parler. Ça regarde que° les grandes personnes.

— Eh bien! je dirai rien du tout. Hein, papa? Qu'est-ce qui arrive quand on dit rien du tout, papa?

— Il arrive rien.[+]

Charles-Hubert renifle,° clappe de la langue° et grogne. Cela marque à la fois son plaisir de manger et son mécontentement. On n'entend plus, dans la pièce, que des bruits de bouche. Les quatre paires de mandibules° Poissonard tordent° la nourriture avec force, les quatre gosiers° fonctionnent synchroniquement; l'omelette et le pain filent° dans les quatre estomacs comme des obus.° Le bordeaux supérieur descend impétueusement. On en donne une goutte à Riri.

— Personne ne veut plus d'omelette, demande Charles-Hubert. Nini[+]? Plus d'omelette? Riri? Encore un morceau?

— Non, papa, répond Jeannine. Je peux prendre mon livre?

— C'est pas bon de lire en mangeant, dit Julie.

Nonobstant,° Jeannine se baisse et attrape sous la table *Esclave ou Reine*, de Delly, dont elle ne se sépare pas depuis le matin.

— Ça fait du bien par où ça passe,[+] dit le crémier en sifflant° un verre. Tout de même, il faut manger. Je me demande comment ils font ceux qui n'ont que leur carte.°

— Ils font comme nous, dit Julie. Ils se débrouillent.°

Vocabulaire

l'arrière-boutique (f): back of the shop
regorger de: to be overflowing with, crammed with
les victuailles (f): food, provisions
couler à flots: to flow in abundance
gaillardement: merrily, heartily
une côtelette dans le gigot: leg-of-mutton chop
l'entrecôte (f): steak
le faux-filet: sirloin
fromages faits à cœur: kind of soft cheese
dodu: plump
le porcelet: piglet
s'améliorer: to improve
l'asperge (f): asparagus
à titre documentaire: by way of documentary evidence
extasié: ecstatic
un gazouillis de friture: sizzling
une crépinette: kind of flat sausage
une longe de veau: loin of veal

un digestif: digestive (drink taken after a meal)
calvados: type of cider-brandy
traiter de: to call (someone a name)
gronder: to scold
les ennuis (m): trouble
se tenir peinard: to keep quiet, out of trouble
rudement chic (coll.): very nice, very decent
c'est bien le moins . . .: it's the least one can do . . .
un gosse (sl.): kid
la commandature: command headquarters
ils (ne) plaisantent pas: they're not to be trifled with
ça (ne) regarde que . . .: it only concerns . . .
renifler: to sniff
clapper de la langue: to click one's tongue
la mandibule: jaw

tordre: to twist, (here) to chew at
le gosier: gullet, throat
filer: (here) to drop
un obus: shell (military)

nonobstant: notwithstanding
siffler: (here) to swig
la carte: (here) ration-card
se débrouiller: to manage, get by

Notes

Riri, Nini: child's abbreviations for Henri and Jeannine
on peut pas se plaindre: note colloquial omission, here and elsewhere in the passage, of *ne*
ausvesse: French corruption of German *Ausweis*, meaning a pass or permit
Boche: derogatory name for a German
combien t'en a vu: combien en as-tu vu

y a qu'à pas les appeler Boches: the only thing to do is not to call them Boches (note colloquial omission of initial *il* and also *ne*)
Passe un Allemand: A German comes along
ce qu'arrive: ce qui arrive
il arrive rien: nothing happens (note again omission of *ne*)
Ça fait du bien par où ça passe: (referring to drink) it does you good (where it goes)

Activités

I
a) En utilisant vos propres mots, expliquez ce que veut dire *l'arrière-boutique.*
b) Expliquez d'une façon plus simple la phrase: 'Jeannine, sous l'action de ces merveilleuses calories, perdait sa maigreur d'asperge.'
c) A qui le père ressemble-t-il en tenant sa fourchette et son couteau *comme deux sceptres dans ses poings fermés*?
d) Pourquoi serait-il extraordinaire que la famille Poissonard mange si bien à cette époque-là?
e) Pourquoi serait-il difficile de circuler?
f) Pourquoi le père et la mère disent-ils à l'enfant qu'il ne faut pas dire *Boche*?
g) Essayez de préciser l'attitude du père envers les Allemands.
h) Croyez-vous à l'histoire qu'a racontée Gambillon?
   Et le père et la mère, est-ce qu'ils y croient?
i) Est-ce que la famille parle en mangeant? Pourquoi/pourquoi pas?
j) Pourquoi les Poissonard ne semblent-ils pas avoir besoin d'une *carte* pour obtenir la nourriture?

II
a) Why do you think the author describes in detail the food on the Poissonards' table?

b) In the section dealing with the way in which the Poissonards eat their meal, the members of the family are not referred to as individual people, but by parts of the body: *bouche*, *mandibules*, *gosiers*, *estomacs*. What effect is created by this procedure?

c) In the same section, a simile is used: 'l'omelette et le pain filent dans les quatre estomacs comme des obus'. The effect of this simile could be said to be more humorous than realistic, but what fact makes the phrase 'comme des obus' particularly appropriate?

d) In discussing the situation of others in Occupied France, Julie Poissonard comments: 'Ils font comme nous. Ils se débrouillent.' By putting these words into her mouth, what impression does the author seek to make on the reader?

III

Using quotations from the text, try to show the Poissonard couple's philosophy of life in wartime. Bearing in mind the historical circumstances in which the story takes place, what is your opinion of the Poissonards?

12
Le Jeune Soldat

Roger Nimier: Born in Paris, 1925. The son of an inventor, he was academically outstanding at school. In 1944 he joined a regiment of hussars and took part in the fighting at Royan. At the age of 23, he published his first novel, *Les Épées*, which was quickly followed by *Le Hussard bleu* and *Perfide* (1950), *Les Enfants tristes* (1951) and *Histoire d'un amour* (1952), as well as essays. In addition he contributed articles to a number of arts magazines and edited one of them. From 1956 he was literary adviser to a publishing house. A prolific writer at the beginning of his career, he wrote only one more novel after the age of 28. He died in 1962 in a car accident.

The text which follows is taken from *Le Hussard bleu*, a novel which met with considerable critical acclaim and from whose title the name *hussards* was taken by critics to designate a group of like-minded writers, including, besides Nimier himself, Antoine Blondin. The novel deals with a troop of hussars advancing through Germany in 1945. Each chapter takes the form of a monologue, given by one of the characters; the following passage coming from that of Saint-Anne, a young soldier who, like Nimier himself in 1945, had not long since left school.

Je m'assieds sur une marche,° la tête appuyée° contre mon poing. Deux vieilles femmes me jettent des regards effarouchés.° Si elles m'examinent de plus près° elles s'apercevront que je ne suis pas grand'chose,° peut-être leur neveu ou encore un enfant de chœur° déguisé en soldat, mais mal déguisé, car il pleure.

Je ne pleure pas pour le plaisir, ni même parce que je me sens perdu. Après tout, je me suis installé confortablement dans ce régiment. On me connaît, je joue un rôle, je réponds aux questions. Et la guerre expire lentement, tuant au passage° ceux que je déteste, puisque j'en déteste, bien que j'en admire un grand nombre. Je pleure d'être venu si loin pour voir que rien n'a changé. Il y a des élèves qu'on appelle hussards° et des pions+ au visage d'adjutants, des professeurs munis°d'une cravache.° Chaque peloton° est une classe. Après l'heure où on épluche° les pommes de terre, il y a celle où l'on tue des Allemands. Ainsi l'histoire succède-t-elle à° la philo.+ Ça ne manque° pas de spectacles. Tout est à voir et à retenir° et à bien décrire; ainsi, aujourd'hui, le sujet de la composition n'est-il pas: «Vous entrez dans une ville ennemie. Quelles sont vos impressions?» Eh bien je n'ai pas d'impressions, je n'entre pas dans une ville ennemie, mais à Saint-Malo+ ou à Beauvais.+ J'y retrouve des visages bien connus. Une habitude m'attendait encore pour me prendre par la main et me faire traverser cette vie-là. Le monde ressemble affreusement au monde.

Naturellement tout cela passera. Avec du temps et du soleil, les couleurs trop vives° se fanent.° De la même façon, dans dix ans, mes larmes se transformeront en ironie. Je déteste à l'avance ces dix ou douze personnages que je me prépare à jouer, l'un après l'autre, dans l'avenir.° Je leur crache° à la figure.

Vocabulaire

une marche: step
appuyé: supported, resting
effarouché: startled, frightened
de près: closely
pas grand'chose: nothing much
le chœur: choir
au passage: in passing
le hussard: hussar
muni: provided, equipped
une cravache: riding-whip

le peloton: platoon, troop
éplucher: to peel
succéder à: to succeed, follow
manquer: to lack
retenir: to retain
vif: bright
se faner: to fade
l'avenir (m): future
cracher: to spit

Notes

pion: slang for *surveillant*, a kind of supervisor in a school
la philo: slang abbreviation for *philosophie*, taught in *lycées*

Saint-Malo: a resort on the Brittany coast
Beauvais: town about 70 km north of Paris

40

Activités

I

a) Why, according to the narrator, should the women not be afraid of him?

b) The narrator remarks: 'Je me suis installé confortablement dans ce régiment.' From what he goes on to say, what reasons are there for thinking that he does not feel comfortable in his present position?

c) There is a suggestion that the other soldiers are also merely playing out a rôle, in the eyes of the narrator: 'Il y a des élèves qu'on appelle hussards et des pions au visage d'adjutants, des professeurs munis d'une cravache'; but the author does not say as much directly. Look closely at this sentence and state by what means the author creates this impression.

d) Why do you think the author, via the narrator, chooses to use the metaphor of school in order to express the activities of war? What similarities are presented?

e) What tone is created particularly by the sentence: 'Après l'heure où on épluche les pommes de terre, il y a celle où l'on tue des Allemands.'?

f) Explain what is meant by the sentence: 'Ainsi l'histoire succède-t-elle à la philo.'

g) Why does the narrator say that he is not entering an enemy town, when in actual fact he is?

h) Note the metaphor of the sentence: 'Une habitude m'attendait encore pour me prendre par la main et me faire traverser cette vie-là.' From what activity is this metaphor taken?

i) Explain the sentence: 'Le monde ressemble affreusement au monde.' Why *affreusement*?

j) What does the narrator mean by *tout cela*, in 'Naturellement tout cela passera.'?

k) Explain why *tout cela passera.* Explain also the metaphor of the sentence which follows: 'Avec du temps et du soleil, les couleurs trop vives se fanent.'

l) Explain why the narrator is so resentful towards *ces dix ou douze personnages que je me prépare à jouer.*

II

By way of conclusion, summarise the young soldier's attitude to the war. You may quote from the text, but do not merely translate from or paraphrase it.

IV La Ville et la campagne

13
Promenade à la campagne

Marcel Pagnol: Born 1895 at Aubagne, near Marseilles. After taking a degree in English, Pagnol followed his father into the teaching profession and taught first in Marseilles and then in Paris, where he began to write plays. His satirical comedy *Topaze* (1928) was an immense popular success and was later made into a film. After *Topaze*, Pagnol gave up teaching in order to concentrate on writing and completed a trilogy of plays, *Marius* (1929), *Fanny* (1931) and *César* (1936), which were very successful and also adapted for the cinema. He then wrote several film scripts, which were followed by further works for the theatre. In 1946 he was elected a member of the French Academy. In 1957, with the publication of *La Gloire de mon père*, the first of four volumes of his *Souvenirs d'enfance*, Pagnol also showed himself to be a fine writer of prose. The book was a great critical and commercial success, its readers charmed by Pagnol's vivid, direct and often humorous depiction of episodes from his childhood in Provence. Marcel Pagnol died in 1974.

Like Text 1, the following passage is taken from *La Gloire de mon père*. Here Pagnol recounts a walk through the countryside in the company of his father, his young brother and the peasant who was their guide.

Nous sortîmes du village: alors commença la féerie,° et je sentis naître un amour qui devait durer toute ma vie.

Un immense paysage en demi-cercle montait devant moi jusqu'au ciel: de noires pinèdes,° séparées par des vallons, allaient mourir comme des vagues au pied de trois sommets rocheux.

Autour de nous, des croupes° de collines plus basses accompagnaient notre chemin, qui serpentait sur une crête° entre deux vallons. Un grand oiseau noir, immobile, marquait le milieu du ciel, et de toutes parts, comme d'une mer de musique, montait la rumeur cuivrée° des cigales.° Elles étaient pressées de vivre, et savaient que la mort viendrait avec le soir.

Le paysan nous montra les sommets qui soutenaient° le ciel au fond du paysage.

A gauche, dans le soleil couchant, un gros piton° blanc étincelait au bout d'un énorme cône rougeâtre.

— Çui-là,° dit-il, c'est Tête Rouge.

A sa droite brillait un pic° bleuté,° un peu plus haut que le premier. Il était fait de trois terrasses concentriques, qui s'élargissaient en descendant.

— Çui-là, dit le paysan, c'est le Taoumé.

Puis pendant que nous admirions cette masse, il ajouta:

— On lui dit° aussi le Tubé.

— Qu'est-ce que ça veut dire? demanda mon père.

— Ça veut dire que ça s'appelle le Tubé ou bien le Taoumé.

— Mais quelle est l'origine de ces mots?

— L'origine, c'est qu'il a deux noms, mais personne ne sait pourquoi. Vous aussi, vous avez deux noms, et moi aussi.

Pour abréger° cette savante° explication, qui ne me parut pas décisive, il fit claquer° son fouet° aux oreilles du mulet, qui répondit par une pétarade.°

Au fond, à droite, mais beaucoup plus loin, une pente finissait dans le ciel, portant sur son épaule le troisième piton de roches, penché en arrière, qui dominait tout le paysage.

— Ça, c'est Garlaban. Aubagne est de l'autre côté, juste au pied.

— Moi, dis-je, je suis né à Aubagne.⁺

— Alors, dit le paysan, tu es d'ici.

Je regardai ma famille avec fierté, puis le noble paysage avec une tendresse nouvelle.

— Et moi, dit Paul inquiet, je suis né à Saint-Loup.⁺ Est-ce que je suis d'ici?

— Un peu, dit le paysan. Un peu, mais guère . . .

Paul, vexé, se replia° derrière moi. Et comme il avait déjà de la conversation, il me dit à voix basse:

— C'est un couillon!°

Vocabulaire

la féerie: fairy-land; enchantment
la pinède: pine-forest
la croupe: brow (of a hill)
la crête: ridge, hilltop
cuivré: (here) ringing
la cigale: cicada
soutenir: to support
le piton: peak
çui-là (coll.): celui-là
le pic: peak

bleuté: tinged with blue
on lui dit: on l'appelle
abréger: to cut short
savant: learned
claquer: to crack
le fouet: whip
une pétarade: fart
se replier: (here) to fall back
un couillon: idiot, dope

43

Notes

Aubagne: small town, about 20 km from Marseilles and about 5 km from the area described

Saint-Loup: area on the outskirts of Marseilles and thus farther from the area described in the passage

Activités

I

a) Quel est *l'amour* dont parle l'auteur?

b) Décrivez brièvement le paysage, en utilisant vos propres mots.

c) Expliquez pourquoi les cigales étaient *pressées de vivre*.

d) A quelle heure du jour cette scène se passe-t-elle? Comment le savez-vous?

e) Laquelle des deux montagnes est la plus grande, Tête Rouge ou le Taoumé?

f) Qu'est-ce qui vous amène à croire que le père est un homme instruit?

g) A votre avis, est-ce que le paysan explique d'une manière satisfaisante l'origine des deux noms de la montagne?

h) Combien de pitons le paysan montre-t-il en tout?

i) Pourquoi est-ce que l'auteur 'regarde sa famille avec fierté'?

j) Essayez d'expliquer pourquoi Paul s'inquiète.

k) A votre avis, quel âge a Paul environ? Donnez vos raisons.

II

a) How would you assess the author's reaction to the countryside? Support your statement by giving examples from the text.

b) What impression do you have of *le paysan*? Quote from the text to illustrate your comments.

c) What reasons can you give for Paul's low opinion of the peasant?

d) Give an example of a humorous passage in the text and try to explain why you find it amusing.

44

14
Le Rêve des habitants de la ville

Georges Perec: Born in Paris in 1936, Perec first came to the attention of a wider public in 1965 with his first novel *Les Choses*, which won him the Prix Renaudot. Afterwards came a number of experimental writings: in *La Disparition* (1969) and *Les Revenentes* (1972), Perec began to play games with the language: in the first, the letter 'e' is not used, whilst in the second it is the only vowel. A highly individual writer, he continued his stylistic experiments with *La Boutique obscure* (1973) and *La Vie mode d'emploi* (1978).

Subtitled *Une Histoire des années soixante*, *Les Choses* examines, in an objective, impersonal style, the way of life of a young Parisian couple, Jérôme and Sylvie, and considers the idea that personal freedom is restricted by material possessions. In the text which follows, the couple re-evaluate, with some dissatisfaction, their present way of life.

Ils tentèrent° de fuir.°

On ne peut vivre longtemps dans la frénésie.° La tension était trop forte en ce monde qui promettait tant, qui ne donnait rien. Leur impatience était à bout.° Ils crurent comprendre, un jour, qu'il leur fallait un refuge.

Leur vie, à Paris, marquait le pas.° Ils n'avançaient plus. Et ils s'imaginaient parfois – enchérissant° sans cesse l'un sur l'autre avec ce luxe° de détails faux qui marquait chacun de leurs rêves – petits-bourgeois de quarante ans, lui, animateur° d'un réseau° de ventes au porte-à-porte, elle, bonne ménagère, et leur appartement propret°, leur petite voiture, la petite pension° de famille où ils passeraient toutes leurs vacances, leur poste de télévision. Ou bien, à l'opposé, et c'était encore pire, vieux bohèmes, cols roulés° et pantalons de velours,° chaque soir à la même terrasse de Saint-Germain+ ou de Montparnasse,+ vivotant° d'occasions rares, mesquins° jusqu'au bout de leurs ongles noirs.

Ils rêvaient de vivre à la campagne, à l'abri de° toute tentation.° Leur vie serait frugale et limpide.° Ils auraient une maison de pierres blanches, à l'entrée d'un village, de chauds pantalons de velours côtelé,° des gros souliers, un anorak, une canne à bout ferré,° un chapeau, et ils feraient chaque jour de longues promenades dans les forêts. Puis ils rentreraient, ils se prépareraient du thé et des toasts, comme les Anglais, ils mettraient de grosses bûches° dans la cheminée;° ils poseraient sur le plateau° de l'électrophone un quatuor° qu'ils ne se lasseraient° jamais d'entendre, ils liraient les grands romans qu'ils n'avaient jamais eu le temps de lire, ils recevraient leurs amis.

Ces échappées champêtres° étaient fréquentes, mais elles attèignaient rarement le stade° des vrais projets. Deux ou trois fois, il est vrai, ils s'interrogèrent sur les métiers que la campagne pouvait leur offrir: il n'y en avait pas. L'idée de devenir instituteurs° les effleura° un jour, mais ils s'en dégoûtèrent° aussitôt, pensant aux classes surchargées,° aux journées harassantes. Ils parlèrent vaguement de se faire libraires° ambulants,° ou d'aller fabriquer des poteries rustiques dans un mas° abandonné de Provence. Puis il leur plut d'imaginer qu'ils ne vivraient à Paris que trois jours par semaine, y gagnant de quoi vivre, à l'aise le reste du temps, dans l'Yonne+ ou dans le Loiret.+ Mais ces embryons° de départ n'allaient jamais bien loin. Ils n'en envisageaient jamais les possibilités ou, plutôt, les impossibilités, réelles.

Ils rêvaient d'abandonner leur travail, de tout lâcher,° de partir à l'aventure. Ils rêvaient de repartir à zéro,° de tout recommencer sur de nouvelles bases. Ils rêvaient de rupture° et d'adieu.

Vocabulaire

tenter: to try, attempt
fuir: to escape, flee
la frénésie: frenzy
à bout: extreme
marquer le pas: to mark time
enchérir sur: to surpass, outdo
le luxe: profusion
un animateur: organiser, leader
le réseau: network
propret: neat, tidy
la pension: guest-house
un col roulé: polo-neck (pullover)
le velours: velvet
vivoter: to scrape a living
mesquin: shabby
à l'abri de: sheltered from

la tentation: temptation
limpide: clear, serene
le velours côtelé: corduroy
à bout ferré: metal-tipped
la bûche: log
la cheminée: fireplace
le plateau: turntable
un quatuor: quartet
se lasser de: to grow tired of
champêtre: rustic, country
le stade: stage
un instituteur: schoolteacher
(primary)
effleurer: to touch upon
se dégoûter de: to take a dislike to
surchargé: oversized

le libraire: bookseller
ambulant: travelling, itinerant
un mas (Prov.): farmhouse
un embryon: embryo

lâcher: to let go, give up
à zéro: from scratch
la rupture: break (with everything)

Notes

Saint-Germain, Montparnasse:
  areas of the Latin Quarter of Paris

L'Yonne, le Loiret: *départements* to
  the south of Paris

Activités

I
a) Essayez d'expliquer pourquoi ils voulaient quitter Paris.
b) Exprimez brièvement comment ils se voyaient à l'âge de quarante ans.
c) Où voulaient-ils vivre?
d) Comment y passeraient-ils leur temps?
e) Quel travail pensaient-ils faire?
f) Avec quoi voulaient-ils rompre?

II
a) From the second paragraph, choose three nouns to show the disadvantages of city life as seen by the couple.
b) What does the word *refuge* suggest to you of their thoughts regarding their present and future situation?
c) The couple see themselves at forty in two possible ways. How are these notions opposed to each other?
d) Why does the adjective *petit* (used twice) seem to summarise the first notion of how they see themselves? And why is the idea of becoming *vieux bohèmes* disagreeable?
e) Look closely at the details of how they imagine their life in the country (house, clothes, activities). What do these details reveal of the couple?
f) Explain why their ideas for the future were not put into practice. What do the following phrases reveal: *l'idée les effleura un jour; ils parlèrent vaguement; il leur plut d'imaginer*?

15
L'Été

Jean Giono: Born 1895 at Manosque (Basses-Alpes). Since the family was poor, he left school at sixteen and began work in an office. During World War I he saw active service, but his experiences left him with a profound sense of the futility of war, and the pacifist tendencies which he adopted resulted in two terms of imprisonment during the Second World War. After the publication of his first novel in 1928, Giono gave up his job to devote his time fully to writing. His first work was a trilogy of novels, *Colline* (1928), *Un de Baumugnes* (1929) and *Regain* (1930), in which he expressed the importance and power of Nature. These novels earned him a reputation, though, unlike many of his fellow-writers, he was not persuaded to move to Paris, but remained in his native Manosque. Other novels followed, but Giono's work was interrupted by the 1939-45 war and it was not until 1947 that he began to publish again. His work became more diversified and several of his novels were set against a historical background. Giono's literary output is as prodigious as it is varied: in addition to novels he wrote plays, essays and anecdotes and also oversaw the filming of some of his work. He died in 1970.

The following text comes from *Jean le bleu* (1932), a semi-autobiographical novel notable not only for the insights which Giono makes on the theme of adolescence, but also for the evocative power of its descriptive passages.

On s'approchait de plus en plus du soleil.

Les jours recevaient de grands coups de feu qui éclaboussaient° de la poussière° jusqu'aux hauteurs du ciel. On trouvait sous l'ombre grise des thyms° des alouettes° exténuées°, paupières° closes,° haletantes,° ébouriffées° et qui revenaient des hauts parages° de l'air. Tout le long du jour, sous les coups du soleil, elles jaillissaient° comme des étincelles,° elles fusaient° en sifflant jusqu'aux assises° de ciel bleu où ruisselait° encore un mince fil° de frais.° Leur scintillement° s'éteignait° et elles retombaient, grises et lasses.° Les pies° et les corbeaux° restaient à l'affût,° près des puits.° Dès qu'ils entendaient grincer° la chaîne, ils arrivaient. Ils appelaient vers la femme qui puisait° de l'eau. Ils venaient becqueter° les flaques° d'eau et, tout d'un coup ils s'envolaient; un renard débouchait° du buisson,° s'élançait,° tête baissée, vers le seau, voyait la femme, sautait en arrière et repartait vers les collines. Il aboyait° vers le soleil. Les nuits étaient illuminées du reflet bleuâtre° de la terre. De chaque bord restait le jour. Il n'y avait de nuit qu'au milieu du ciel, une nuit grise, craquante,° toute craquelée° de longs éclairs° silencieux. On approchait de plus en plus du soleil.

Les femmes parlaient un peu, le matin, entre elles.

Il n'y avait déjà plus d'hommes au village. Elles préparaient les cruches,° elles allaient au puits. Après, c'était le silence et on entendait ronfler° le four° du boulanger et la pelle° de bois qui tapait sur les pierres. Il fallait enjamber° les chiens endormis. Le lundi matin, on nettoyait l'église. On ouvrait les grandes portes et deux femmes se mettaient à frotter° le parquet° avec des peaux° de bêtes. Dès que l'église était ouverte, les vieux venaient se mettre au frais dans l'ombre pleine de bruit. Ils restaient là; ils fumaient leurs pipes, ils crachaient° entre leurs pieds.

L'horloge du clocher° vivait toute seule, juste pour dire:

— On s'approche, on s'approche, midi, midi.

On le savait. On le connaissait au silence.

C'était difficile de manger. Les guêpes° dormaient ailes étendues, emportées par les remous° boueux° de la chaleur comme des peaux de graines.°

Vers les quatre heures, les hommes revenaient des champs. Il fallait un moment pour les reconnaître. Ils entraient tout de suite au bureau de tabac. Ils posaient la bêche° près de la porte ou bien ils criaient:

— Hari!° au cheval; ils freinaient° le rouleau° à pleine rue° et ils entraient chercher du tabac frais. Il ne fallait pas porter du tabac dans les poches. Il devenait comme du marc de café.°

Le goûter était toujours préparé au coin de la table. L'homme arrivait et buvait. Après, il prenait une moitié de fromage, une tranche de pain et il se mettait à mâcher,° coudes aux cuisses, le dos rond, l'œil bas, reprenant un peu de vie dans l'ombre.

— On approche, disait le clocher. Sept heures. Le jour ne veut pas partir. Demain on sera encore plus près.

L'homme ne disait rien. Il mâchait seulement en regardant ses pieds et ses mains.

Le soleil descendait dessous la colline. Alors, dans le silence, on entendait le bruit de la terre qui roulait à toute vitesse vers le feu.

Vocabulaire

éclabousser: to splash, (here) to scatter
la poussière: dust
le thym: thyme
une alouette: lark
exténué: exhausted
la paupière: eyelid
clos: closed
haletant: breathless
ébouriffé: ruffled
le parage: region
jaillir: to shoot up
une étincelle: spark
fuser: to spurt
une assise: stratum
ruisseler: to run (of water)
un fil: (here) stream
le frais: coolness
le scintillement: sparkling
s'éteindre: to die out
las: weary
la pie: magpie
le corbeau: crow
à l'affût: in wait
le puits: well
grincer: to creak, grate
puiser: to draw (water)
becqueter: to peck
la flaque: puddle
déboucher: to emerge

le buisson: bush
s'élancer: to dash out
aboyer: to bark
bleuâtre: bluish
craquant: cracking
craquelé: crackled
un éclair: flash of light
la cruche: jug
ronfler: (here) to roar
le four: oven
la pelle: shovel
enjamber: to step over
frotter: to rub
le parquet: floor
la peau: skin, hide
cracher: to spit
le clocher: steeple, belfry
la guêpe: wasp
le remous: eddy
boueux: (here) sluggish
la graine: seed
la bêche: spade
hari! (archaic): gee up!
freiner: to put the brake on
le rouleau: roller
à pleine rue: in the middle of the road
le marc de café: coffee-grounds
mâcher: to chew

Activités

I

a) D'où venaient ces *grands coups de feu*?
b) Pourquoi les alouettes étaient-elles épuisées?
c) Qu'est-ce que les pies et les corbeaux attendaient?
d) Pourquoi le renard sautait-il en arrière en voyant la femme?
e) Donnez la raison pour laquelle il n'y avait plus d'hommes au village.
f) A quoi sert la pelle de bois du boulanger?
g) Que faisaient les chiens?
h) Pourquoi les vieux venaient-ils à l'église?
i) Pourquoi était-il difficile de manger?

50

j) Pourquoi les hommes ne portaient-ils pas de tabac dans les poches pendant qu'ils travaillaient?

k) Pourquoi les hommes buvaient-ils avant de manger?

l) Essayez d'expliquer la phrase *reprenant un peu de vie dans l'ombre*.

m) Expliquez ce que vous comprenez en lisant la phrase *le jour ne veut pas partir*.

II

a) Summarise briefly and in your own words (i) the activity of the larks; and (ii) the description of the night sky.

b) What evidence can be taken from the descriptions of the animals and the people to show that midsummer is approaching?

c) There is very little dialogue in the passage. Can you suggest a reason why?

III

Choose from the text a descriptive passage of about 4-5 lines (but not those mentioned in II a)) which you find particularly interesting or vivid and try to give a detailed explanation for your choice.

16
Paris descend au travail

Jules Romains: adopted name of Louis Farigoule, born 1885 at Saint-Julien-le-Chapteuil, in the Cévennes. From early childhood he lived in Paris, where his father was a schoolteacher, and after the *lycée* went on to study at the *Ecole Normale Supérieure*. Romains himself became a teacher and worked successively in Brest, Laon, Paris and Nice, though he gave up teaching in 1919 in order to concentrate on writing. His early collection of poetry, *La Vie unanime* (1908), was one of his most important works and gave rise to the concept of unanimism, whose central idea is that the group has a collective soul, and which pervades much of Romains' work. He gained a considerable reputation as a poet and also as a playwright with works such as *Knock* (1924) and *Donogoo* (1930), but his principal work is the huge novel *Les Hommes de bonne volonté*, which spans 27 volumes and was written between 1937 and 1946. The writing of this work suffered several interruptions: in 1940 Romains fled from France to the United States and in 1942 settled in Mexico City. Whilst in exile, he helped the war effort by broadcasting to Occupied France, eventually returning in 1946, when he was elected to the French Academy. A writer of great stamina, intelligence and diversity, he died in 1972, having published more than 100 volumes.

The passage printed below is taken from the beginning of the final volume of *Les Hommes de bonne volonté* and is set in October 1933. The subject of the text closely follows that of the opening part of the first volume, which is set in October 1908, allowing the author to make a comparison between the Paris of 1933 and the Paris of 25 years earlier.

De ses collines, de ses plaines faiblement surélevées° et penchantes,° Paris descend au travail. Son mouvement est un peu le même qu'il y a vingt-cinq ans, un peu autre. Comme le centre a bougé vers l'ouest, beaucoup d'itinéraires, à partir des quartiers périphériques° et des faubourgs,° se sont inclinés aussi du côté du couchant.° Mais surtout ce remuement° matinal a gagné en ampleur° et en complication. Les banlieues° se sont peuplées,° étendues.° Les points de départ se distribuent dans tous les secteurs d'un vaste territoire. Il ne s'agit° plus du ruissellement° quasi naturel d'une grande ville vers sa cuvette° centrale. Par centaines de milliers, ces déplacements° d'hommes et de femmes, du logis° au lieu de travail, sont devenus des voyages laborieux. Des centres de travail ont apparu ou démesurément° grossi° là où régnait° jadis° de l'habitation éparse,° du terrain vague,° du jardin maraîcher.° Ils attirent à eux de nombreux mouvements nés tout au loin. Le Quai de Javel,+ Billancourt,+ vont chercher dans leur lit des gens de Belleville,+ de la Plaine-Saint-Denis,+ du Kremlin-Bicêtre.+ Les moyens de transport ont suivi, ou parfois précédé et orienté,° ce développement abstrait.° Le piéton qui descend, d'un pas juste un peu pressé, une rue de Montmartre, ou de Ménilmontant,+ en lisant son journal, avec un coup d'œil de temps en temps à une horloge, n'est pas encore une survivance.° Mais il prend déjà quelque chose d'anachronique et de privilégié; comme un artisan de la rue Pixérécourt, à qui son cousin, monteur à la chaîne° des usines Bertrand ou Citroën, rend visite. Le travailleur d'octobre 1933, en route vers son travail, est plutôt un homme debout, serré° entre beaucoup d'autres, sur la plateforme d'un tramway de banlieue. Il a une main tendue° tout au bout du bras pour s'accrocher° tant bien que mal° à une barre,° à une courroie.° De l'autre main il tient un journal plusieurs fois replié,° qu'un voisin écrase° contre lui. Il fait des prouesses de jongleur+ pour continuer de page en page la lecture° d'un article, car les journaux ont justement° inventé de couper ceux de leurs articles qui ont quelque intérêt en au moins deux tronçons° qui, de la page 1 à la page 7, se dissimulent° comme des chenilles° dans l'herbe. Il s'énerve° à cause des arrêts et des ralentissements.° Malgré toute l'habitude qu'il peut avoir, il ne cesse de penser à la bouche de métro qui s'ouvrira tout à l'heure; à ces cinquante mètres qu'il lui faudra franchir° plus vite que d'autres; à l'escalier qu'il faudra descendre; à la queue du guichet (de combien de gens sera-t-elle? de cinq? de dix? de vingt?), à la nouvelle dégringolade° de marches, à la fermeture automatique+ . . . Pourvu° qu'il ne voie pas la voiture de tête° entrer et le portillon° se rabattre° quand il ne lui restera plus que cinq marches à descendre! . . . Au sortir de ces épreuves,° il se trouvera de nouveau debout sur une plateforme, serré entre des gens, un bras levé et accroché au petit bonheur,° un journal écrasé contre sa poitrine, des tronçons de nouvelles essayant de lui échapper.

Vocabulaire

surélevé: raised
penchant: sloping
périphérique: outlying
le faubourg: (inner) suburb
le couchant: west
le remuement: movement
l'ampleur (f): size
la banlieue: (outer) suburb
se peupler: to become populated
s'étendre: to extend, expand
il s'agit de: it's a matter of
le ruissellement: flow
la cuvette: basin
le déplacement: travelling,
  movement
le logis: dwelling-place, (here) home
démesurément: enormously
grossir: to increase
régner: to prevail
jadis: once, long ago
épars: scattered
le terrain vague: waste land
le jardin maraîcher: market-garden
orienter: to guide
abstrait: abstract
une survivance: (here) remnant (of
  former times)

un monteur à la chaîne: assembly-
  line worker
serré: squeezed
tendu: stretched out
s'accrocher: to hang on to
tant bien que mal: somehow or other
une barre: bar
une courroie: strap
replié: folded
écraser: to crush
la lecture: reading
justement: indeed
le tronçon: section
se dissimuler: to hide oneself
une chenille: caterpillar
s'énerver: to become irritable
le ralentissement: slowing-down
franchir: to cover (distance)
la dégringolade (coll.): rush
  (downstairs)
pourvu que: provided that
la voiture de tête: first carriage
le portillon: gate, barrier
se rabattre: (here) to close
une épreuve: (here) ordeal
au petit bonheur: haphazardly

Notes

Quai de Javel, Billancourt:
  industrial area in the west of Paris
Belleville, Ménilmontant: eastern
  suburbs of Paris
Plaine St.-Denis: industrial suburb
  north of Paris
Kremlin-Bicêtre: area on the
  southern outskirts of Paris
Rue Pixérécourt: in the Belleville-

Ménilmontant area
il fait des prouesses de jongleur: he
  performs feats worthy of a juggler
la fermeture automatique: refers to
  the system whereby a gate
  (portillon) at the entry to the
  platform closed automatically as
  the train arrived

Activités

I
a) Comment la plupart des travailleurs se rendent-ils à leur travail?
b) Pourquoi le passager, dans le tramway, essaie-t-il de s'accrocher à

une barre ou à une courroie?

c) Qu'est-ce qu'il essaie de faire pour passer le temps? Pourquoi a-t-il du mal à le faire?
d) Pourquoi s'énerve-t-il?
e) A quoi pense-t-il?
f) Qu'est-ce qu'il craint surtout?
g) De quel moyen de transport se sert-il pour continuer son trajet?

II
a) Summarise the factors which made travelling to work in 1933 different from 25 years before.
b) How does the author manage to convey the feelings of irritation experienced by the person travelling to work?
c) Comment on the structure of the passage, analysing the order in which the author presents the subject-matter.

III
In this passage, the author comments on changes which took place between 1908 and 1933. To what extent do you think his description of life in 1933 holds true for the present-day?

V Arrivée et départ

17
Arrivée dans une ville anglaise

Michel Butor: Born 1926 at Mons-en-Barœul, near Lille, but was brought up in Paris. He studied philosophy at university and then taught at both school and university level in several countries, including Egypt, Greece, Switzerland and England. His first novel, *Passage de Milan*, was published in 1954 and was followed by further novels, including *La Modification* (1957) and *Degrés* (1960), as well as critical works. His name is often associated with the writers of the Nouveau Roman, some of whose techniques and aims are evident in his work, including the avoidance of conventional analysis of character.

The passage which follows is taken from *L'Emploi du temps* (1956), in which the author draws on his experience of living in England. The narrator, a young man who has arrived in the town of Bleston in order to begin a period of commercial training, attempts to record the experiences of the previous months of his stay in England.

J'ai arraché ma valise et je me suis mis à marcher sur ce sol nouveau, dans cet air étranger, au milieu des trains immobiles.

L'employé a fermé la grille et s'en est allé.

J'avais faim, mais, dans le grand hall, les mots «bar», «restaurant», s'étalaient° au-dessus de rideaux de fer baissés.

Voulant fumer, j'ai fouillé° dans la poche de mon veston, mais le paquet de gauloises était vide, et il n'y avait rien d'autre.

Pourtant c'était là que je croyais avoir rangé, quelques instants plus tôt, quelques heures plus tôt, je ne savais déjà plus, la lettre du directeur de Matthews and Sons qui me donnait l'adresse de l'hôtel où ma chambre était réservée.

Je l'avais relue dans le train une dernière fois, il était donc impossible qu'elle fût dans ma valise, puisque je n'avais pas ouvert celle-ci de tout le trajet; mais après avoir cherché en vain dans mes vêtements, il a fallu que je vérifie, que je glisse ma main entre mes chemises, en vain.

Elle devait être tombée dans le compartiment où je ne pouvais plus retourner à ce moment, mais je n'accordais à cela nulle importance, convaincu que je trouverais facilement un gîte° provisoire dans les environs immédiats.

Le chauffeur de taxi, dont j'étais le dernier espoir pour la nuit, m'a demandé où je voulais être mené (ses paroles ne pouvaient avoir d'autre sens), mais les mots qu'il employait, je ne les reconnaissais pas, et ceux par lesquels j'aurais voulu le remercier, je ne parvenais pas à les former dans ma bouche; c'est un simple murmure que je me suis entendu prononcer.

Il m'a regardé en hochant la tête, et, tandis que je m'éloignais de la gare, silencieusement, droit devant moi, j'ai vu sa voiture noire faire le tour de la plate-forme,° descendre par la pente bordée de parapets, disparaître par la rue déserte en bas.

Les hauts réverbères° éclairaient de lumière orange les enseignes° éteintes, les hautes façades sans volets, où toutes les fenêtres étaient obscures, où toutes les vitrines étaient fermées, où rien ne signalait un hôtel.

Je suis arrivé à un endroit où les maisons s'écartaient,° et dans l'espace libre, là-bas, j'apercevais des bus à deux étages qui démarraient.

Les rares personnes que je croisais° semblaient se hâter, comme s'il ne restait plus que quelques instants avant un rigoureux couvre-feu.°

Je sais maintenant que la grande rue que j'ai prise à gauche, c'est Brown Street; je suis, sur le plan que je viens d'acheter, tout mon trajet de cette nuit-là; mais en ces minutes obscures, je n'ai même pas cherché à l'angle les lettres d'un nom, parce que les inscriptions que je désirais lire, c'étaient «Hotel», «Pension», «Bed and Breakfast», ces inscriptions que j'ai vues depuis, repassant de jour devant ces maisons, éclater en émail° sur des vitres au premier ou second étage, alors si bien cachées dans l'ombre de cette heure indue.°

Je suis retourné vers la place qui s'était vidée entre-temps; j'ai traîné° dans quelques-unes de ces ruelles° sur lesquelles donne l'arrière des immeubles, m'arrêtant tous les dix pas pour poser ma lourde valise et changer de bras; puis, comme le brouillard devenait pluie, j'ai décidé de remonter à la gare pour y attendre le matin. '

Parvenu en haut de la pente,° j'ai été surpris par la largeur de la façade; certes, je ne l'avais pas regardée avec attention tout à l'heure, mais était-il possible que je fusse passé sous ce portique?° N'y avait-il pas une marquise?° Et cette tour, comment ne l'avais-je pas aperçue?

Quand je suis entré, j'ai dû me rendre à l'évidence: déjà ce court périple° m'avait égaré;° j'étais arrivé dans une autre gare, Bleston New Station, tout aussi vide que la première.

Mes pieds me faisaient mal, j'étais trempé, j'avais des ampoules°
aux mains; mieux valait en rester là.

Vocabulaire

s'**étaler:** to be displayed
fouiller: to search, rummage
le **gîte:** lodgings, accommodation
la **plate-forme:** (here) forecourt
le **réverbère:** street-lamp
une **enseigne:** sign
s'**écarter:** (here) to separate
croiser: to come across
le **couvre-feu:** curfew
l'**émail** (m): enamel

cette **heure indue:** this late hour
traîner: to trail, loiter
la **ruelle:** narrow street, alley
la **pente:** slope
le **portique:** portico, porch
la **marquise:** kind of glass-covered
  porch-way
le **périple:** walk round
égarer: to mislead, lead astray
une **ampoule:** blister

Activités

I
a) Où le narrateur se trouve-t-il au début de ce texte?
b) Combien d'autres personnes y étaient?
c) Comment savez-vous que le bar et le restaurant étaient fermés?
d) Est-ce que le narrateur a réussi à trouver une cigarette?
e) Est-ce que le narrateur sait où se trouve la lettre où était écrite
   l'adresse de l'hôtel?
f) Pourquoi le narrateur n'a-t-il pas pris le taxi?
g) A votre avis, pourquoi le narrateur remarque-t-il surtout que les
   hautes façades étaient sans volets? Pourquoi signale-t-il aussi des
   bus à deux étages?
h) Quelle phrase vous indique que le narrateur raconte cet épisode
   quelque temps plus tard?
i) Pourquoi n'a-t-il pas réussi à trouver un hôtel?
j) Quel geste montre que le narrateur était fatigué?
k) Qu'est-ce qui a fait soupçonner au narrateur que la gare où il
   rentrait n'était pas celle où il était arrivé en premier lieu?
l) Donnez les raisons pour lesquelles: (i) ses pieds lui faisaient mal;
   (ii) il était trempé; (iii) il avait des ampoules aux mains.

II
In this text, the author makes no attempt to describe directly the
feelings or state of mind of the main character. Instead he describes a
number of small incidents which allow the reader to imagine how he
would feel in these circumstances. Note these incidents and say what
you imagine the feelings of the main character to be.

58

18
Le Nouveau-venu

Julien Green: Born 1900 in Paris of American parents. At the age of sixteen, he became converted to the Catholic faith – an important theme in his work – and a year later enlisted as a volunteer in World War I. In 1919 he went for the first time to the United States, where he studied at the University of Virginia, returning to France in 1922. His first novel was published in 1926 and was followed by a steady flow of writing until the beginning of World War II, when he took a post in the US Army. He returned to France after the war and continued to write novels, his Journal and plays, most of which were written in French. His novels are conventional in technique and deal especially with the theme of the conflict between the Christian faith and the temptation of evil, which is expressed with realism and psychological insight.

Chaque homme dans sa nuit was published in 1960. In this extract, taken from the beginning of the novel, the principal character, Wilfred Ingram, a young man of 24, has been summoned to the family estate by his dying uncle. Wilfred is to become the confidant of his uncle, who, like himself – but unlike the rest of the family – is a Catholic. But Wilfred soon finds himself ill at ease with the other members of the family, who have always looked down on him.

Le train avait disparu et la gare était vide. D'un bout à l'autre de la place, Wilfred promena le regard° un peu inquiet de ses yeux gris et tout d'abord il ne vit rien. La grande voiture de son oncle ne se trouvait pas là. Peut-être y avait-il eu une erreur . . . N'aurait-il pas dû descendre à l'arrêt suivant? Mais non, c'était ici, à cette halte en pleins champs. La lettre qu'il gardait dans sa poche le lui disait d'une façon très précise.

Pas un arbre. Rien que cet immense carré° de terre battue devant la gare et des prairies à perte de vue sous un ciel où le vent chassait de lourds nuages. De nouveau il regarda autour de lui, mais il avait déjà compris et il faisait semblant de° ne pas voir: dans un coin, à moitié caché par une barrière, un cabriolet° des plus ordinaires attendait, la voiture des gardiens,° et sur le siège, un jeune homme en chemise à carreaux° rouges levait le bout de son fouet° chaque fois que Wilfred dirigeait la vue de ce côté-là, mais ne se dérangeait pas autrement. Ainsi on donnait une leçon de modestie au fils de celui qui n'avait pas fait fortune.

Cela ressemblait à un jeu: Wilfred tournait la tête d'un air faussement distrait et le garçon levait un peu le bout de son fouet avec une sorte d'indifférence qui ne semblait pas feinte,° deux fois, trois fois, autant de fois qu'on voudrait.

Empoignant° sa valise, le voyageur franchit° dans l'impitoyable° lumière du printemps les vingt mètres qui le séparaient du cabriolet. Cette valise de cuir, la valise de son père, un peu trop grande, un peu surannée° avec son bariolage° d'étiquettes° européennes, il la haïssait en cette minute, parce qu'il avait conscience° qu'elle faisait sourire. En Amérique, on n'en voyait plus de ce genre et jamais il n'avait osé gratter les étiquettes avec un canif, comme il aurait voulu le faire: c'était tout ce qu'il avait hérité° de son père.

Lorsqu'il atteignit la voiture, il entendit le garçon qui sifflotait° entre ses dents. Une rage subite° saisit Wilfred qui se mordit les lèvres, puis levant la tête, il considéra le visage qui le dominait dans le ciel. Collée° sur des pommettes° hautes et des mâchoires° impérieuses, la peau brune luisait comme du cuir et les yeux noirs semblaient deux grands trous d'ombre. Il y eut quelques secondes pendant lesquelles les deux jeunes gens échangèrent un regard un peu méfiant,° puis le cocher° s'arrêta de siffloter.

«Mr. Ingram, je suppose? fit-il avec une politesse un peu moqueuse.

— Oui.»

Déjà il soulevait la valise en s'aidant d'un genou, car elle était assez pesante, quand le cocher la lui ôta des mains et la cala° sous ses pieds avec une aisance° dédaigneuse.° Il attendit que Wilfred eût pris place à côté de lui, puis d'un claquement° de langue enleva° son cheval, un gros bai° dont la croupe° faisait songer° à une énorme châtaigne,° et bientôt ils s'engageaient dans une route creusée d'ornières° profondes. A droite et à gauche, jusqu'à l'horizon cerné° de bois lointains où l'œil devinait le vert des premières feuilles, l'herbe se couchait à plat sous un vent froid venu du fond de l'hiver.

Sans le moindre égard° pour les belles étiquettes étrangères, le cocher avait planté ses deux talons° sur la valise, et il semblait à Wilfred, malgré la honte qu'il éprouvait de cet objet un peu ridicule, que c'était lui-même qu'on foulait aux pieds.° Furtivement, il observa le visage osseux° de son voisin. Le profil insolent, avec un petit nez en bec d'aigle, se couronnait° d'une masse de lourds cheveux bruns que l'air tordait° à plaisir. A la fois mince et fort, le jeune homme paraissait fier de ses bras, car il avait retroussé° ses manches° au-dessus des coudes.

Pendant près de cinq minutes, ils roulèrent sans échanger une parole dans ce paysage d'une morne° grandeur où ne variait que la couleur du ciel qui tournait du bleu au gris. D'immenses nuages déchiquetés° passaient au-dessus de leurs têtes, pareils à des draps qu'un fou° eût mis en pièces.

Vocabulaire

promener le regard: to cast one's eyes about
un carré: square
faire semblant de: to make as if to, pretend to
un cabriolet: cab
le gardien: (here) guardian
à carreaux: checked
le fouet: whip
feint: feigned
empoigner: to grip
franchir: to cross
impitoyable: pitiless, unrelenting
suranné: antiquated
le bariolage: odd collection, assortment
une étiquette: label
avoir conscience: to be conscious
hériter: to inherit
siffloter: to whistle
subit: sudden
collé: lit. stuck; (here) stretched
la pommette: cheek-bone
la mâchoire: jaw
méfiant: suspicious, distrustful

le cocher: driver, coachman
caler: to wedge
une aisance: ease
dédaigneux: disdainful
un claquement: (here) clicking
enlever: (here) to set going
un bai: bay (horse)
la croupe: croup, rump
songer: to think
une châtaigne: chestnut
une ornière: rut
cerné: encircled
l'égard: (m): respect, regard
le talon: heel
fouler aux pieds: to trample underfoot
osseux: bony
se couronner: to be crowned
tordre: to twist
retrousser: to turn up
la manche: sleeve
morne: gloomy, dismal
déchiqueté: torn, slashed
un fou: madman

Activités

I

a) Comment Wilfred se sentait-il après être arrivé à la gare?
b) Pensez-vous que la gare soit grande ou petite? Donnez vos raisons.
c) Qu'est-ce que Wilfred *avait déjà compris*?
d) Qui était *celui qui n'avait pas fait fortune*?
e) Expliquez pourquoi Wilfred haïssait la valise qu'il portait.
f) Pourquoi Wilfred n'avait-il pas enlevé les étiquettes de la valise?

g) Pourquoi Wilfred s'est-il mordu les lèvres?
h) Qui était le plus fort, Wilfred ou le cocher? Donnez vos raisons.
i) Cette scène se passe au printemps. Quelle en est l'évidence?
j) A votre avis, pourquoi Wilfred et le cocher ne se sont-ils pas parlé pendant les cinq premières minutes?

II
a) Explain how and why a lesson in modesty was given to Wilfred.
b) What was the game played by Wilfred and the driver? What do you think was the motive for this game?
c) Examine the ways in which the superiority of the driver in relation to Wilfred is implied. Quote from the text to support what you say.

III
There are certain similarities in subject matter between this passage and the one by Michel Butor. Compare the two and say first what these similarities are and then examine the ways in which the two authors treat their subject, paying particular attention to how they deal with the main character.

19
Départ d'Orly

José Cabanis: Born 1922 in Toulouse. He studied philosophy at university, before taking a doctorate in law. He then began a career as a barrister. In 1952 his first novel, *L'Age ingrat*, was published and was followed by a series of further novels, notable for their sensitive observation of provincial life. Cabanis has gradually achieved the critical acclaim which his work deserves, culminating in the award of the Prix Goncourt in 1966 for *La Bataille de Toulouse*, from which the present extract is taken.

La Bataille de Toulouse is not only the title of Cabanis' novel, but is also the title of the novel which the narrator has decided to write. He finds himself, however, distracted from writing by the presence of a woman, Gabrielle, with whom he has a long-standing relationship. When Gabrielle leaves, however, he finds that he now has the time to write the novel, but is diverted from doing so by his thoughts about their relationship. He reflects on the time they have spent together, including the time of their separation, which is presented in the following passage.

Il est singulier que je ne puisse me rappeler la robe qu'elle portait, et son visage, ce jour-là. Je revois dans le grand hall, les hôtesses de l'air qui avaient l'attitude, les gestes, le sourire des mannequins de cire° dans une vitrine, un tout petit calot° de travers° sur la tête. Je me disais que le manque de naturel,° cela peut s'apprendre aussi. Je me les représentais,° en fin de journée, ôtant leur calot et leur uniforme, et se laissant tomber sur une chaise, comme vous et moi, le spectacle terminé. Je rêvais à cela en suivant Gabrielle, je ne m'ennuyais pas. Nous avons porté ses bagages, et fait contrôler son billet.° Nous avions du temps devant nous, plus que je n'aurais voulu. Nous sommes allés déjeuner, au-dessus de la piste d'envol° où il y avait de gros avions immobiles. Je m'apercevais tout à coup qu'ils s'étaient mis à glisser doucement, tournaient sur eux-mêmes, puis s'éloignaient, comme des scarabées° maladroits° et pesants. Ils s'envolaient, bien plus loin, devenus petits et légers. J'observais le maître d'hôtel° qui regardait d'un air sévère les tables autour de nous, toutes prises, et avait grand soin de ne pas voir l'entrée de la salle, où un groupe attendait et nous surveillait avec impatience. Ce maître d'hôtel, lui aussi, semblait tenir un rôle, mais qui ne lui convenait° pas, déguisé malgré lui en homme du monde, réservé, grave et distant. Quand il passait dans les cuisines, il devait se débonder,° dire des bordées d'injures,° cracher° par terre, se venger. A la table voisine, une famille d'Orientaux mangeait en silence, les hommes gras et luisants,° les femmes couvertes de bijoux pendants. Je pensais à tous les affamés° qui devaient trimer° au soleil, pour que ceux-là puissent aller de palace en palace, et chipoter dans leur assiette,° la mine° dégoûtée, à côté de moi. Çà et là, des messieurs importants jouaient à l'homme d'affaires, et consultaient un dossier, quelques-uns embarrassés de leur épouse, qu'il faut bien faire suivre. Mais ils ne la regardaient pas. Tous ces gens ne parlaient guère, ou à voix basse, et nous aussi. Le service était lent. Entre les plats, Gabrielle feuilletait° une revue. Nous avons erré d'un étage à l'autre, devant les vitrines. Nous nous sommes assurés de l'heure du départ, à un grand tableau noir où il y avait les noms de toutes les villes du monde. Un avion avait dû arriver de Tahiti ou d'Honolulu: des hommes hilares° et bedonnants,° en costume de toile,° se congratulaient, un collier de coquillages° autour du cou. Gabrielle les observait, un début de sourire aux lèvres. La mer et les rivages° heureux, les rochers rouges, les palmes qui se balancent,° la chaleur des soirs, elle allait retrouver tout cela. Je l'ai embrassée devant les guichets, où elle avait pris rang° dans une file de voyageurs qui avançaient. Elle franchit° le portillon,° et nous nous sommes fait signe de la main.° Elle me souriait, hâtant° visiblement le pas, et disparut. Je suis allé regarder par une fenêtre la piste d'envol, l'avion, et une échelle° qu'on approchait. J'aurais sans doute pu apercevoir Gabrielle une dernière fois. Je n'ai pas attendu. J'ai descendu l'escalier en courant, traversé le hall, les portes se sont ouvertes toutes seules pour moi, il bruinait,° j'ai repris la voiture, et sans repasser par Paris, j'ai roulé d'une seule traite° vers le Sud, aussi vite que j'ai pu.

Vocabulaire

le mannequin de cire: wax dummy
le calot: hat, cap
de travers: at an angle
le manque de naturel: lack of naturalness
se représenter: to imagine

faire contrôler un billet: to show a ticket for inspection
la piste d'envol: take-off runway
le scarabée: beetle
maladroit: clumsy
le maître d'hôtel: head waiter

convenir à: to suit, fit
se débonder: to unwind, relax
une bordée d'injures: a shower of abuse
cracher: to spit
luisant: shiny
un affamé: starving person
trimer: to slave, wear oneself out
chipoter dans son assiette: to pick at one's food
la mine: (facial) expression
feuilleter: to leaf through
hilare: hilarious, jovial
bedonnant: stout, fat

la toile: linen
un collier de coquillages: shell necklace
le rivage: shore, beach
se balancer: to sway
prendre rang: to take one's place
franchir: to cross, pass through
le portillon: barrier
se faire signe de la main: to wave to each other
hâter le pas: to quicken one's step
une échelle: ladder, steps
bruiner: to drizzle
d'une seule traite: without stopping

Activités

I

a) Pourquoi les hôtesses de l'air étaient-elles, selon le narrateur, comme *des mannequins de cire*?

b) Comment Gabrielle et le narrateur ont-ils passé le temps avant le départ?

c) Pourquoi le maître d'hôtel avait-il soin de ne pas voir l'entrée de la salle?

d) Essayez d'expliquer pourquoi les *messieurs importants* étaient *embarrassés de leur épouse*.

e) Qu'est-ce que Gabrielle et le narrateur ont fait après avoir déjeuné?

f) D'où étaient arrivés probablement les hommes *hilares et bedonnants*?

g) Pourquoi Gabrielle les observait-elle en souriant?

h) Est-ce que le narrateur a regardé Gabrielle monter dans l'avion?

i) Expliquez comment les portes du grand hall se sont ouvertes toutes seules.

II

a) Try to assess the feelings of the narrator at Gabrielle's departure. Refer closely to the whole of the text in order to illustrate fully your opinion.

b) Give three examples of people at the airport who seemed to the narrator to be putting on a front. Explain in each case what you think are the reasons for their façade.

20
La Séparation

Antoine Blondin: Born 1922 in Paris. He studied literature at the University of Paris and, after the war, began a career in journalism. His first novel, *L'Europe buissonnière*, appeared in 1949 and was followed by *Les Enfants du bon Dieu* (1952), *Un Singe en hiver* (1959) and *Monsieur Jadis* (1970). In addition to writing novels, for which he has won major prizes, Blondin has written film scenarios and contributed to various journals. Many of the characters portrayed in his novels have similar qualities: they tend to be easy-going, sometimes irreverent and do not take themselves too seriously – qualities which are also displayed in the novels of other writers who first came to prominence in the fifties, such as Roger Nimier.

The passage which follows is taken from *L'Humeur vagabonde* (1955). It is the story of a young man, the narrator of the novel, who decides to leave his wife and children in order to return to Paris, where he was born and where he hopes to find greater stimulus than he had found living in the country.

Denise avait décidé qu'elle m'accompagnerait jusqu'au passage à niveau.° Mais son visage fermé° me signifiait de n'avoir pas à me méprendre:+ elle n'agiterait pas son mouchoir. Par un détour de sécheresse ou de pudeur,+ nos adieux lui étaient un but° de promenade entre beaucoup d'autres. Elle me laissait me dépêtrer° de la tendresse ambiguë° de cette fin d'après-midi et se refusait à en partager le déchirement.° Droite° sur ses hautes jambes précises, des jambes d'arpenteur,+ elle appartenait au paysage et à toutes les saisons d'une vie simple et calme. Je comprenais qu'elle préférerait toujours les biens° étalonnés° à mes Eldorados de derrière la tête. Ses vêtements bourrus° me confirmaient que mon village continuerait sans moi.

Un nuage passa, plombé° de chaleur. Je pensai que l'aube° du lendemain serait bonne pour la pêche et la valise me parut lourde. Je

66

m'arrêtai pour la changer de main. Denise me distança,° sans y prêter attention. Déjà, elle atteignait les barrières blanches et rouges. Je vis avec un mélange° de détresse et de soulagement° se rapprocher° l'échéance° de notre séparation. Le demi-tour qu'elle amorça° avec ostentation nous mit face à face. C'était un cap difficile à franchir.°

«Je vais te laisser là, Benoît», dit-elle fermement.

Mon prénom rejeté° au bord du silence me parut solennel.° Il vibrait° entre nous, comme s'il eût été vraiment le mot de la fin. Ne sachant que répondre, je me penchai pour bénir° le front de mes enfants d'un pouce confus. Denise s'interposa vivement:° elle n'aimait pas mes démonstrations qui ne prouvaient pas grand-chose.°

«Ne les réveille pas, dit-elle, ce serait dommage. Je leur donne un an pour s'apercevoir de ton absence, deux pour s'en étonner, cinq pour en souffrir, dix pour s'en ficher° . . . Tu as le temps devant toi.

— Et moi, qu'est-ce que tu me donnes pour réussir?»

Phrase faible et imprudente pour qui se voulait° déjà un nomade du cœur. Le plus dur n'était-il pas fait? Heureusement, Denise n'avait plus grand-chose à me donner.

«Ça ne m'intéresse pas, répondit-elle. Je suis bien ici et Paris me fait peur.

— Tu ne connais rien du monde; j'aurais voulu te secouer° un peu, toi aussi.

— C'est fait, dit-elle sur le ton d'une grande placidité. Ne crois pas que je te voie partir avec satisfaction.»

Quels orages° domptés° masquait cette réprimande de maîtresse d'école? Un seul cri, et je l'eusse prise dans mes bras.

«Tu comptes° faire des démarches?°

— Quelles démarches?

— Consulter un avoué,° par exemple . . .»

Elle marqua un mouvement de recul,° puis chassa° ces balivernes° d'un geste:

«Chaque chose en son temps. Le fait certain, c'est qu'il va falloir que je trouve quelqu'un.»

Je ne fus pas atteint° trop brutalement. Denise ne laissait affleurer° aucune trace d'impatience, aucun venin° profond. Elle exprimait plutôt une résolution comme on en inscrit sur un agenda. Nos mœurs° étaient lentes; leur code imprégnait° trop ma femme pour qu'elle s'abandonnât à l'urgence d'une intrigue par représaille.° Le protocole du village, son œil attentif, ses oreilles gloutonnes,° ne l'eussent pas admis. Quelqu'un? Ça ne serait peut-être qu'un homme de peine° . . .

«Quelqu'un pour m'aider . . . pour m'aider à tout.»

J'eus un pâle sourire, qui la fit ciller.°

«Allons, dit-elle.»

Nous nous embrassâmes trois fois sur les joues comme des cousins sans enthousiasme. Je la regardai s'éloigner vers des tâches°

prévisibles.° Elle poussait sa voiture d'enfant° comme une charrue.°
L'univers qui se refermait sur° elle n'était plus le mien. Je devais, par
la suite,° me répéter souvent qu'elle n'avait rien fait pour m'y retenir.
Je me sentis dédouané.°

Vocabulaire

le passage à niveau: level-crossing
fermé: (here) blank, unresponsive
un but: (here) end
se dépêtrer: to extricate oneself,
  unburden oneself
ambigu: ambiguous, uncertain
le déchirement: breaking-up,
  wrench
droit: erect
les biens (m): wealth, possessions
étalonné: measured
des vêtements bourrus: rough
  clothes
plombé: heavy
l'aube (f): dawn
distancer: to go on ahead of
un mélange: mixture
le soulagement: relief
se rapprocher: to draw nearer
l'échéance (f): (here) date, time
amorcer: to begin to make
un cap difficile à franchir: a difficult
  hurdle to clear
rejeté: cast
solennel: solemn
vibrer: to resound, ring out
bénir: to bless
vivement: sharply
pas grand-chose: nothing much

se ficher de: (coll.) not to care about
se vouloir: to claim to be
secouer: to shake
un orage: storm (here: emotional)
dompté: quelled, overcome
compter: to intend
les démarches (f): proceedings
un avoué: solicitor
marquer un mouvement de recul: to
  step back
chasser: (here) to dismiss
les balivernes (f): nonsense
atteint: (here) affected
affleurer: (here) to show
le venin: malice
les mœurs (f): habits
imprégner: to imbue
la représaille: reprisal, retaliation
glouton: greedy, insatiable
un homme de peine: common
  labourer
ciller: to blink
la tâche: task
prévisible: predictable
la voiture d'enfant: pram
une charrue: plough
se refermer sur: to close round
par la suite: subsequently
dédouané: cleared (as at customs)

Notes

**. . . signifiait de n'avoir pas à me
  méprendre:** told me I need not be
  mistaken
**Par un détour de sécheresse ou de
  pudeur:** by a pretence of either

insensibility or reserve
un arpenteur: a land-surveyor, i.e.
  one who is thought of as taking
  great strides

Activités

I

Explain in English what you understand by the following:

a) elle n'agiterait pas son mouchoir
b) elle préférerait toujours les biens étalonnés à mes Eldorados de derrière la tête
c) pour bénir le front de mes enfants d'un pouce confus
d) un nomade du cœur
e) Quels orages domptés masquait cette réprimande de maîtresse d'école?
f) Nos mœurs étaient lentes
g) ses oreilles gloutonnes
h) Je me sentis dédouané

II

a) Explain briefly why you think Denise wants to stay where she is and why Benoît wants to leave.
b) Examine (i) the attitude of Denise towards Benoît; and (ii) that of Benoît towards Denise. How do they each try to justify their feelings?
c) What does Benoît imagine will happen when he has left?
d) Do you think that the author causes us to feel sympathy for
   (i) Denise; (ii) Benoît; (iii) both; (iv) neither? Give your reasons.

69

VI La Jeunesse

21
Les Études

Boris Vian: Born 1920 at Ville-d'Avray. He studied engineering in Paris and received his diploma in 1942, though he only worked as an engineer for a further five years. By 1947 he had already gained a certain reputation: he had just published *L'Ecume des jours*, which was to become his most celebrated novel. He was also publishing, under the pseudonym of Vernon Sullivan, a number of American-style thrillers, one of which was the bestseller of 1947. He became a recognised figure in Left Bank clubs in the immediate post-war years, not only because of his literary prowess but also because of his musical talent, shown as a song-writer and jazz trumpeter. After finishing as an engineer, he earned a living by doing translations, writing for various magazines and then by working for the Philips record company, where he controlled and built up the catalogue of jazz records. He also wrote a number of plays in addition to the novels, but it was only the Vernon Sullivan novels which were a commercial success during his lifetime. He died in 1959 and became something of a cult figure during the sixties, when his work began to enjoy great success.

The text which follows is taken from *L'Herbe rouge* (1950). The main character Wolf has built a machine which allows him to re-live and also to re-think his past. Here he reflects on his education, under the questioning of Monsieur Brul.

— Alors parlons études, dit M. Brul.

— Posez-moi des questions, dit Wolf, et je répondrai.

— Dans quel sens, demanda aussitôt M. Brul, vos études vous ont-elles formé? Ne vous contentez pas° de remonter° à votre première enfance, je vous en prie. Quel fut le résultat de tout ce travail – car il y eut un travail de votre part, et une assiduité,° peut-être extérieure, certaine; or° une régularité d'habitudes ne peut manquer° d'agir° sur un individu lorsqu'elle persiste un temps assez long.

— Assez long . . . répéta Wolf. Quel calvaire!° Seize ans . . . seize ans le cul° sur des bancs durs . . . seize ans de combines° et d'honnêteté alternées. – Seize ans d'ennui – qu'en reste-t-il? Des images isolées, infimes° . . . l'odeur des livres neufs le premier octobre, les feuilles que l'on dessinait, le ventre dégoûtant de la grenouille disséquée° en travaux pratiques, avec son odeur de formol, et les derniers jours de l'année où l'on s'aperçoit que les professeurs sont des hommes parce qu'ils vont partir en vacances . . . Et toutes ces grandes peurs dont on ne sait plus la cause, les veilles d'examens . . . Une régularité d'habitudes . . . ça se bornait à° cela . . . mais savez-vous, monsieur Brul, que c'est ignoble°, d'imposer à des enfants une régularité d'habitudes qui dure seize ans? Le temps est faussé°, monsieur Brul. Le vrai temps n'est pas mécanique, divisé en heures, toutes égales . . . le vrai temps est subjectif . . . on le porte en soi . . . Levez-vous à sept heures tous les matins . . . Déjeunez à midi, couchez-vous à neuf heures . . . et jamais vous n'aurez une nuit à vous . . . On m'a volé seize ans de nuit, monsieur Brul. On m'a fait croire, en sixième, que passer en cinquième devait être mon seul progrès . . . en première, il m'a fallu le bachot° . . . et ensuite, un diplôme . . . Oui, j'ai cru que j'avais un but,° monsieur Brul . . . et je n'avais rien . . . J'avançais dans un couloir sans commencement, sans fin, à la remorque° d'imbéciles, précédant d'autres imbéciles. On roule la vie dans des peaux d'ânes.⁺ Comme on met dans des cachets° les poudres amères,° pour vous les faire avaler° sans peine . . . mais voyez-vous, monsieur Brul, je sais maintenant que j'aurais aimé le vrai goût° de la vie.

Vocabulaire

Ne vous contentez pas . . .: do not merely. . .
remonter: to go back
l'assiduité (f): application, diligence
or: but, now
manquer: to fail
agir: to act, have an effect
le calvaire: torture, suffering
le cul (vulg.): backside
la combine (sl.): dodge, craftiness
infime: tiny, minute
disséqué: dissected

se borner à: (here) to amount to
ignoble: vile
fausser: to falsify, warp
le bachot (sl. for baccalauréat): school-leaving certificate
le but: goal, aim
à la remorque de: in the wake of
le cachet: tablet
amer: bitter
avaler: to swallow
le goût: taste

Notes

on roule la vie dans des peaux d'ânes: life is all wrapped up in paper qualifications

Activités

I

Dites ce que vous comprenez en lisant les phrases suivantes:
a) une assiduité extérieure
b) tout ce travail
c) une régularité d'habitudes
d) le vrai temps est subjectif
e) on m'a volé seize ans de nuit

II

a) What was Wolf's attitude as a schoolboy to his studies? Illustrate by quoting from the text.
b) What, according to Wolf, is the only thing his studies have left him with?
c) Why does he refer to those who pass through the education system as *imbéciles*?
d) Quote briefly from the text to show Wolf's main objections to the education he received. What is his reason for these objections and to what extent do you think they are justified?

22
Le Devoir

Hervé Bazin: Born 1911 at Angers. After a succession of schools and tutors, Bazin began studies at the Catholic Faculty of Angers but, following a family dispute, moved to Paris, where he studied at the Sorbonne and began writing. His first success was a collection of poems, *Jour* (1947), which was followed in 1948 by his first published novel, *Vipère au poing*, which met with great acclaim. In this novel, he expressed with vehemence a revolt against the bourgeois values with which he had grown up, a theme continued in subsequent novels. Such was the effect of these novels that Bazin was voted the best post-war novelist in a magazine poll. If, in later work, Bazin no longer expresses the same sense of revolt, his novels are still marked by an intensity of feeling and vigour in his examination of moral values.

The passage which follows is taken from *Au Nom du fils* (1960), in which Bazin explores the relationship between a father and his adolescent son. Daniel Astin, the narrator, is a schoolteacher who, after the death of his wife, faces the problem of bringing up three children. The youngest child Bruno is also the most difficult and causes the father anxiety on both personal and professional levels.

Ils sont rentrés tard, Bruno le dernier. J'ai demandé aux aînés:
«Vous vous êtes bien amusés?»
Ils ont paru étonnés, mais contents de ma question. (Ne l'ai-je jamais posée ou le ton n'y était-il pas+?) Décidément bourrelé° de scrupules, je me suis dit que je n'étais vraiment qu'un tiers° de père et qu'il allait falloir, pour l'édification, pour l'équilibre de mon troisième, reconquérir° un peu de place dans la vie des jumeaux,° fût-ce contre leur gré.+ Résolution d'ivrogne,° je le crains. Quand Bruno est arrivé, j'ai eu soin de ne pas me précipiter, d'attendre qu'il vienne m'embrasser. C'était le même Bruno, dans le même costume° qui devient juste aux entournures.° Mais je lui ai trouvé l'air nouveau ou supposé tel que le vieil oncle égrillard° ou les petits cousins cherchent sur le visage de la mariée au lendemain de ses noces.°

J'allais lui demander aussi: «Tu t'es bien amusé?» quand ma langue a fait deux tours. On ne demande pas à un garçon de seize ans s'il s'est bien amusé. Avec la susceptibilité de l'entre-deux-âges, il serait capable de se piquer,° de croire que vous le prenez encore pour un enfant.

«C'était intéressant?

— Pas tellement, a-t-il avoué.° Tu sais, moi, les monuments, les églises . . . Le mieux, c'était la balade.°»

Sincérité, hypocrisie, souci° d'atténuer° son plaisir pour atténuer mon dépit,° qui peut le savoir?

«Avec tout ça, je n'ai pas fait mon anglais, a-t-il ajouté, candide.

— Mets-y toi tout de suite.»

Son regard est alors venu buter° contre le mien.

«Tout de suite, ai-je répété, très ferme. Tu ne dîneras pas avant d'avoir fini. A un mois du bac° on ne néglige pas un devoir d'anglais, surtout quand l'anglais est notre partie faible . . .»

Et la force m'est revenue parce qu'il obéissait sans sourciller.° Nous autres, éducateurs, nous connaissons les principes: un enfant ne rechigne° pas s'il est absolument sûr que son père a raison, et qu'ayant raison le père ne cédera° pas. Vos remarques, vos ordres, même s'il espère y couper,° il les attend, il les estime; il y trouve la preuve° de l'intérêt que vous lui portez, bien plus que dans la faiblesse qui souscrit° au caprice; il aime au fond cette vigilance et vous reprocherait confusément de la relâcher° . . . N'est-ce pas, M. Astin? On réagit comme on peut. L'occasion était belle et je me demande pourquoi, une demi-heure plus tard, sous prétexte de ne pas priver° Bruno du journal télévisé – où allaient passer les images de Bordeaux-Paris+ – j'ai rapidement traduit le dernier tiers de sa version.°

Vocabulaire

bourrelé: tormented
un tiers: a third
reconquérir: to regain
le jumeau: twin
un ivrogne: drunkard
le costume: suit
l'entournure (f): shoulder (of a jacket)
égrillard: bawdy, rude
les noces (f): wedding
se piquer: to take offence
avouer: to admit
la balade (coll.): stroll
le souci: worry, concern
atténuer: to lessen

le dépit: vexation
buter: to come up against, meet
le bac = baccalauréat (school-leaving examination)
sans sourciller: without batting an eyelid
rechigner: to sulk
céder: to give in, yield
couper à (coll.): to dodge
la preuve: proof, evidence
souscrire à: to consent to, allow
relâcher: to relax
priver: to deprive
la version: translation

74

Notes

le ton n'y était-il pas?: wasn't the tone right?

fût-ce contre leur gré: even if it was against their wishes

Bordeaux-Paris: refers to part of a cycle race

Activités

I

a) Comment les aînés ont-ils réagi en entendant la question de leur père?

b) Expliquez ce que le narrateur entend par la phrase *un tiers de père*.

c) Qui est *le troisième*?

d) Qu'est-ce que le père a fait quand Bruno est arrivé?

e) Pourquoi n'a-t-il pas demandé à Bruno s'il s'était bien amusé?

f) Est-ce que Bruno s'était bien amusé en effet?

g) Qu'est-ce que Bruno avait oublié de faire?

h) Qu'est-ce que le père a fini par faire? Et Bruno?

II

a) What was the underlying reason for the father's question to the twins?

b) What is meant by *résolution d'ivrogne*?

c) Give a reason for the father's hesitation when Bruno came in.

d) Did the father actually notice anything different about Bruno?

e) Elaborate on the following sentence in order to express more fully the reaction of the father: 'Sincérité, hypocrisie, souci d'atténuer son plaisir pour atténuer mon dépit, qui peut le savoir?'

f) Summarise the principles which the father puts forward regarding bringing up children.

g) Why does the father refer to himself as Monsieur Astin in the sentence 'N'est-ce pas, M. Astin?'

h) What element of irony is contained in the final paragraph?

III

Summarise the father's dilemma concerning his relationship with his son Bruno.

23
Le Rendez-vous des jeunes

René Fallet: Born 1927 at Villeneuve-Saint-Georges, on the outskirts of Paris. He left school at the age of 15 and two years later joined the army. A year later, at the end of the war, he began a career in journalism. At the age of 19, he published his first novel, *Banlieue Sud-Est*, which was to be the first of many. Several of his later novels were made into films, including *Paris au mois d'août* (1964), which was also awarded the Prix Interallié. Fallet's particular talent as a novelist lies in his ability to express, in a straightforward, often colloquial style, the experiences of ordinary people as they go about their everyday lives.

The passage which follows is taken from *Banlieue Sud-Est*, whose title refers to that suburb of Paris where Fallet was born and which he now examines in close detail. It has been said of the book that it is more of a sociological survey than a novel, but nevertheless it is possible to appreciate the imaginative quality of the description and the novelist's observation of detail.

La place de la Gare. Cœur de la ville. C'est là que se retrouvent le soir, passé six heures, tous les copains° du monde. On attend les trains, et les trains passent, et la pendule tourne . . . On regarde les filles, on s'en moque . . . On lit l'*Auto*,+ on pronostique,° on rigole,° on aime, on fume, on pète,° on rêve. La place est divisée en zones nées du mépris,° de la méfiance.° Les «bandes°» ont chacune la sienne. Celle du «Vieux Villeneuve», baptisée «Harlem» par ses membres, se tient sur la portion de trottoir Pharmacie-Arrêt des autocars. Les «zazous parfaits+» ont leurs assises° tout autour de la sortie principale. Les «fils à papa,+ fils-des-commerçants-de-la-ville», paradent dédaigneusement° devant le café Madus. Les «esthètes impuissants symphonico-romantiques+» sornettisent° au centre même de la place.

Autour de ces quatre noyaux° principaux, évoluent° les satellites sans relief ni genre définis:+ les danseurs, les petits coureurs cyclistes caracolant° sur leur alu nickelé,[+] le petit groupe des jeunes poivrots° avec leur chef, Bizulle, en tête. Chez Madus, on vend des cigarettes à toute heure du jour, c'est le café de la Providence, sauf en ce qui concerne les apéros° qui sont copieusement saccharinés, et servis dans de trop petits verres.

L'hiver, tout change, les cartes sont mêlées.° La trentaine de jeunes types se côtoient,° non sans répugnance, dans le hall de la gare, tout en s'efforçant° de garder la distance intergroupes. Signe des temps, tous ont la même coiffure: les «frise à plat[+]» se font des crans° laborieux, et les ondulés par nature[+] accentuent le mouvement tourmenté de leur chevelure.°

Parallèlement aux bandes, les harems, si l'on peut dire, se sont constitués en volières[+] inconstantes et cent fois plus mouvantes que leurs partenaires° mâles. Il n'est pas rare de voir une jeune fille changer de camp et retourner sa veste;[+] ce fait n'a pas encore été enregistré° du côté viril.°

Quand un membre de bande se marie, c'est l'excommunication par ironie ferme,° par mépris total. La génération est libre, les barreaux,° les cadenas,° les liens,° qu'ils soient officiels ou officieux,[+] d'ordre matrimonial ou de travail, l'ennuient, l'écœurent,° lui font peur. La loi° de la gare est une variante de la loi de la jungle. La gare, c'est l'évasion.° Après six heures, quand le boulot° et les patrons° sont enfin dissipés,° il est bon, il est doux de retrouver Pierre et Paul[+] pour vivre un peu, pour rire, loin des plumes, loin des limes,° loin des usines, des engueulades,° des équerres° et des duplicata.°

Vocabulaire

le copain (coll.): friend, mate
pronostiquer: to speculate, make forecasts
rigoler: to have a laugh
péter (vulg.): to fart
le mépris: contempt
la méfiance: mistrust, suspicion
la bande: gang
les assises (f): (here) base
dédaigneusement: disdainfully
sornettiser: to talk idly, make small talk
le noyau: nucleus
évoluer: to revolve
caracoler: to circle
le poivrot (sl.): boozer, drunkard
un apéro (sl.): aperitif
mêler les cartes: to shuffle cards

se côtoyer: to rub shoulders with one another
s'efforcer de: to endeavour to
le cran: wave, quiff
la chevelure: hair, locks
le partenaire: partner
enregistrer: to record
du côté viril: on the male side
l'ironie ferme (f): heavy irony
le barreau: bar
le cadenas: padlock
les liens (m): bonds, shackles
écœurer: to disgust
la loi: law
l'évasion (f); escape
le boulot (sl.): work
le patron (coll.): boss
dissipé: done with, over

la lime: file (tool)
l'engueulade (f) (vulg.): telling-off

une équerre: set-square
les duplicata (m): duplicates

Notes

l'Auto: a car magazine

les zazous parfaits: perhaps the nearest equivalent in English would be 'the real Teddy-boys', although slightly anachronistic

les fils-à-papa: young men with well-to-do fathers

les esthètes impuissants symphonico-romantiques: the ineffectual sophisticates, the lovers of romantic symphonies

sans relief ni genre définis: without definite features or distinguishing characteristics

alu nickelé: nickel-plated, aluminium-framed (bicycle)

les frise à plat: a half-ironic term, meaning those with straight hair

les ondulés par nature: those with naturally wavy hair

la volière: slang expression for a group of girls; 'birds'

retourner sa veste: to change one's colours. i.e. to alter one's allegiance

officiels ou officieux: official or unofficial

Pierre et Paul: not the names of specific individuals, but names used to convey the idea of unspecified people, rather like 'Tom, Dick and Harry' in English

Activités

I

a) Où se trouve la place de la Gare?

b) Pourquoi les jeunes y vont-ils le soir?

c) Quelles sont les quatre *bandes* principales?

d) Est-ce que tous les jeunes font partie d'une *bande*?

e) Quel est l'avantage du café Madus? Et l'inconvénient?

f) Essayez de donner la raison pour laquelle les jeunes se retrouvent, l'hiver, dans le hall de la gare.

g) De quelle façon tous les jeunes gens se ressemblent-ils?

h) Est-ce que les jeunes filles sont aussi fidèles à la *bande* que les jeunes gens?

i) Qu'en pensent les autres membres de la *bande* quand un copain se marie?

j) Pourquoi est-ce qu'on se rencontre à la gare *après six heures*?

k) Qu'est-ce qu'on espère oublier en s'y rencontrant?

II

a) 'La loi de la gare est une variante de la loi de la jungle.' Find evidence from the text to support this idea, quoting where appropriate.

b) 'La gare, c'est l'évasion.' Say how this statement is true (i) literally; and (ii) figuratively, in the context of this passage.

78

c) Throughout the passage, the author makes use of colloquial and slang expressions. Say whether or not you find these expressions generally appropriate and why.

24
Parade dans les rues d'Oran

Albert Camus (1913-1960): Born at Mondovi in Algeria. His father, an agricultural worker, was killed in World War I. Camus was brought up in poverty and suffered serious illness, but entered the University of Algiers, where he studied philosophy. He became a journalist, first in Algiers and then in Paris, where he edited the Resistance newspaper *Combat*, having participated in the Resistance since 1942. He wrote plays as well as numerous essays, but it was his novel *L'Étranger* (1942) which marked him out as a writer of the first order. It was followed in 1947 by *La Peste*, a novel in which the plague of the title may be identified symbolically with the German Occupation and with evil in general. Camus is concerned in this work, as in others, with the problem of giving meaning to the absurdity of human existence. In 1957 Camus was awarded the Nobel Prize for Literature, confirming his stature as one of the great figures of twentieth-century French literature.

The passage which follows is taken from *L'Été*, an extended essay dating from 1939, in which the author reflects on life in the Algerian town of Oran, which also provided the setting for *La Peste*.

Les rues d'Oran nous renseignent sur les deux plaisirs essentiels de la jeunesse locale: se faire cirer° les souliers et promener ces mêmes souliers sur le boulevard. Pour avoir une idée juste de la première de ces voluptés,° il faut confier° ses chaussures, à dix heures, un dimanche matin, aux cireurs° du boulevard Gallieni. Juché° sur de hauts fauteuils, on pourra goûter alors cette satisfaction particulière que donne, même à un profane,° le spectacle d'hommes amoureux de leur métier comme le sont visiblement les cireurs oranais. Tout est travaillé dans le détail. Plusieurs brosses, trois variétés de chiffons, le cirage° combiné à l'essence: on peut croire que l'opération est terminée devant le parfait éclat° qui naît sous la brosse douce. Mais la même main acharnée° repasse du cirage sur la surface brillante, la frotte,° la ternit,° conduit la crème jusqu'au cœur des peaux et fait alors jaillir,° sous la même brosse, un double et vraiment définitif éclat sorti des profondeurs du cuir. Les merveilles ainsi obtenues sont ensuite exhibées devant les connaisseurs. Il convient,° pour apprécier ces plaisirs tirés du boulevard, d'assister aux bals masqués de la jeunesse qui ont lieu tous les soirs sur les grandes artères° de la ville. Entre seize et vingt ans, en effet, les jeunes Oranais de la «Société» empruntent leurs modèles d'élégance au cinéma américain et se travestissent° avant d'aller dîner. Chevelure ondulée° et gominée,° débordant° d'un feutre° penché sur l'oreille gauche et cassé sur l'œil droit, le cou serré dans un col assez considérable pour prendre le relais des cheveux,° le nœud de cravate microscopique soutenu par une épingle rigoureuse, le veston à mi-cuisse et la taille tout près des hanches, le pantalon clair et court, les souliers éclatants sur leur triple semelle,° cette jeunesse, tous les soirs, fait sonner sur les trottoirs son imperturbable aplomb° et le bout ferré° de ses chaussures. Elle s'applique en toutes choses à imiter l'allure,° la rondeur° et la supériorité de M. Clark Gable. A ce titre,° les esprits critiques de la ville surnomment communément ces jeunes gens, par la grâce d'une insouciante° prononciation, les «Clarque».

Dans tous les cas, les grands boulevards d'Oran sont envahis, à la fin de l'après-midi, par une armée de sympathiques adolescents qui se donnent le plus grand mal° pour paraître de mauvais garçons. Comme les jeunes Oranaises se sentent promises de tout temps° à ces gangsters au cœur tendre, elles affichent° également le maquillage° et l'élégance des grandes actrices américaines. Les mêmes mauvais esprits les appellent en conséquence des «Marlène». Ainsi, lorsque sur les boulevards du soir un bruit d'oiseaux monte des palmiers vers le ciel, des dizaines de Clarque et de Marlène se rencontrent, se toisent° et s'évaluent, heureux de vivre et de paraître, livrés° pour une heure au vertige° des existences parfaites.

Vocabulaire

cirer: to polish
la volupté: pleasure
confier: to entrust
le cireur: shoe-shine boy
juché: perched
le profane: (here) outsider
le cirage: shoe-polish
un éclat: brightness, shine, brilliance
acharné: tenacious, industrious
frotter: to rub
ternir: to dull

jaillir: to spring forth
il convient de: it is fitting, proper
les grandes artères: main streets
se travestir: to disguise oneself
ondulé: waved
gominer: to put hair-cream on
déborder: protrude
le feutre: felt hat
le relais des cheveux: the overhanging hair
la semelle: sole

l'aplomb (m): self-assurance, coolness
le bout ferré: metal tip
une allure: look, appearance
la rondeur: (here) proportions
à ce titre: by virtue of this, for this reason
insouciant: unconcerned

se donner du mal: to take pains, take trouble
de tout temps: always, ever
afficher: to make a show of, parade
le maquillage: make-up
toiser: to eye up and down
livré à: devoted to, indulging in
le vertige: intoxication (fig.)

Activités

I

'a) Quels sont les deux plaisirs auxquels se livrent les jeunes Oranais?
b) Où faudrait-il aller pour se faire cirer les chaussures à Oran?
c) De quoi se sert le cireur dans son métier?
d) Décrivez brièvement le travail du cireur.
e) Que fait le jeune Oranais après s'être fait polir les chaussures?
f) Décrivez la tenue des jeunes Oranais.
g) Pourquoi s'habillent-ils de cette façon?
h) A votre avis, qui sont les *esprits critiques de la ville*?
i) Quel modèle les jeunes Oranaises empruntent-elles?
j) D'où vient leur surnom *Marlène*?
k) En utilisant vos propres mots, expliquez ce que font les jeunes Oranais et Oranaises quand ils se rencontrent.

II

a) In this text, there are two passages of closely-detailed description: that of the work of the *cireur* and that of the dress of the young people of Oran. In each case give your reason why you think the author chooses to describe each feature in such detail.
b) Try to assess the tone which the author adopts in the final paragraph in referring to the young people of Oran. What words and phrases would you select from the passage to support your views?
c) Explain what you think the author means by the following two phrases (do not merely translate):
(i) 'les bals masqués de la jeunesse'
(ii) 'livrés pour une heure au vertige des existences parfaites'.

III

a) This text is taken from an essay written in 1939. What is there, if anything, in the description of the young people of Oran which could also apply generally to young people today?
b) This passage and the one by René Fallet are similar in theme. In what details are they also similar? What conclusions does each author allow us to make?

82